転んで起きて

毒親 夫婦 お金 仕事 夢の答え

西村ゆか

徳間書店

プロローグ

周りからは親子に見えていたかもしれない。

当時15歳だった私は同じ学校に通っていた同級生のお父さんと向かい合い、都内の焼き肉屋にいた。

「制服なんか着てくるんじゃなかった。匂《にお》いついちゃうじゃん。失敗したな……」

そんなことを考えながら、私は無言で最初の肉を口に入れる。

なんとも言えない気まずい空気が流れた。

相手は、明らかにこちらの出方をうかがっている。トングをせわしなく持ち上げたり、置いたりするだけで、ひと口も食べない。

このまま黙って食べきってしまうのもいいかなと思ったが、この人の不安そうな顔を見て、やはり私から話さなければと思った。

「私の母とのことを、娘さんが知ったらどう思いますかね」

と、私は静かに言った。

「それは、おじさんに対する脅《おど》し？」

と、相手は答えた。

「どうでしょうね」

ゆっくりそれだけ言って、私はまた肉を食べた。

うつむいたまま、おじさんも肉を食べた。その姿を見ていると、あんな人に振り回されて、この人がほんとうに気の毒だという同情が湧《わ》いてきた。


会計のとき、「ここはおじさんが出すよ」と言われた。

「いえ、自分のぶんは自分で出します」

私はにこやかに断って、自分の財布から焼き肉代を払った。

それは、私がコツコツためてきたお小遣いだった。

こんなことのために自分のお金を使うのがほんとうに馬鹿馬鹿しかった。


数日前、母が私にこう言った。

「あなたと同じクラスのEちゃんのお父さんなんだけど、ママのこと好きみたい。このあいだうちに来たときに押し倒されたのよ。彼にはちょっとお金を借りているんだけどね、だからって、困っちゃうわよね」

自分は被害者だと言いたい。そういう母の思惑が透けて見えた。

私はEちゃんの家に電話をし、Eちゃんのお父さんを呼び出した。

母がしたことの後始末は、私がつけなくてはいけないのだ。


これが、少女時代の私。

＊　＊　＊　＊　＊

私は、かなり記憶力がいいほうらしい。

鮮明に残っている赤ちゃんのころの記憶もある。

「お父さんが、ベビーベッドで寝ている私に布団をかけてきて、暑いから布団をけっ飛ばして、それでもまたかけてくるんです。暑いんだよ！　って思って……」

などと人に話すと、

「え？　ゆかさん、ちょっと待って。ベビーベッドに寝てるってことは赤ちゃんのころの話ですよね？　そのころのことを覚えているんですか？」

と、不思議がられたことがある。

父と母は私が1歳を過ぎたくらいから別居し、4歳のときに離婚。そこから私は母のもとで育っている。だから私に父との記憶があるとすれば、たしかに1歳前後のものだということになる。

それを鮮明に覚えているのはすごく珍しいということ、ある種の特殊能力であるということを、私は自分の生い立ちを人に話す中で教えてもらった。

とはいえ、その特殊能力がなんの役に立つのかわからないまま日々は過ぎていった。

2021年に出版したコミックエッセイ『だんな様はひろゆき』（朝日新聞出版）は、そんな私の特殊能力に、使い道を与えてくれた。

ひろゆき君はほとんど毎日おかしなことをしているし、私はどんなくだらないことも細部まで覚えていたから、エッセイのネタには事欠かなかった。

作画のwakoさんをはじめとするプロフェッショナルたちのお力で、ほのぼのして、くすっと笑える作品になり、ありがたいことに6万部のベストセラーになっている。

そして、この出版を機に「西村博之の妻としてではなく、ゆかさん自身の話が聞きたい」と言ってくださる方が出てきた。

一般人である私のことを知りたい人なんてほんとうにいるのだろうかと疑問だった。なにより「ひろゆきの威を借る妻」というのが世間から叩かれることはじゅうぶん想像ができたから、最初は悩んだ。

それでも、私の話を聞いた人が笑ってくれたり、ときには「元気が出ました！」と言ってくださるのがうれしかった。少しずつ、私の話もけっこう役に立つじゃん、という実感が湧いてきた。


新しい本の企画が舞い込んできたのはそんなときだった。普段から親しくしていたメディア業界の友人が、出版社に企画を持ち込んで、しかも、出版社からはもうＯＫをもらってきたと言う。

「いまがどんなに大変でも、誰だって幸せになっていいんだってことを、ゆかさんなら伝えられるんじゃないかと思うんです」

と、その人が言ってくれた。


そう言ってもらえたのはすごくうれしかったけれど、自分の言葉で誰かを勇気づけようとか、つらい気持ちでいる人を救ってあげようなんていうのは、おこがましいとどうしても思ってしまう。だから「誰かの暇つぶしになったらじゅうぶん」くらいの軽い気持ちで、この本を書いてみようと思った。

風変わりというか、ユニークというか、ときに笑うしかないほどヘビーな環境で生きてきた私の、すごく個人的な物語を、これからみなさんにおすそ分けしようと思う。ほとんどが取るに足らない「感想」だけれど、ときどき良いことも言うかもしれない。そして、ただただ馬鹿馬鹿しくて笑ってもらえるかもしれない。

それくらいのゆるい期待感で読み進めていただければ幸いだ。

今日も、隣の配信部屋からひろゆき君のテンションの高い声が漏《も》れてくる。

それを聞きながら、私はこの本を記しています。

転んで起きて
毒親 夫婦 お金 仕事 夢 の答え

目次

第 2 章

お金と幸せ

第3章

仕事と夢

第4章

過去と現在

第5章

整えることと楽しむこと

第 1 章

選択と偶然

私の人生は楽しくなかった。
だから私は自分の人生を創造したの。

ココ・シャネル

摂食障害

私の両親は、私が4歳のときに離婚した。

母が私を引き取り、高校2年生までずっと母と2人暮らしだった。

私が中学生くらいになると、母は家に彼氏らしき人を連れ込むようになった。そして、学校から帰宅したときに、バスローブ姿の母と、見知らぬ男の人に出くわしてしまうことが何度かあった。

そういうとき、テレビドラマなどでは「ママ、なにしてんのよ！」と文句を言ったり、真っ赤になって「キャー！」と叫んだりするセリフが登場するのだろうか。でも、現実の私は、そんな言葉を口に出すのも面倒なほど、冷めていた。

いい歳をしたおっさんおばさんのあられもない姿を見せられると、ただひたすらげんなりするのである。

だからいつも無言で自分の部屋に行った。

しばらくすると男の人が「ゆかちゃんごめんね」と謝りに来る。

謝るくらいならするなよ、と心の中で毒づく。

腹が立つ。イライラする。

そして私はコンビニに走る……。


初めて吐いた日もそうだったと思う。

むしゃくしゃした気持ちの反動で、コンビニで大量にお菓子を買い込んだ。そして、それを一気に食べつくした。ものすごく気持ちが悪くなり、トイレで吐いた。

胃から、さっき食べたアップルパイが出てきた。嫌な気分が一緒に出ていったような不思議な爽快感があった。

その爽快感が私の心を捉えてしまったのである。


その日から、なにか嫌なことがあると、食べて吐いたらすっきりすると考えるようになった。私にとって、それから12年も付き合うことになる、過食嘔吐《おうと》のはじまりだった。

同級生の中に、私の異変に気づいてくれた子がいた。

でも、その子も過食嘔吐をしている子で、私が食べているものや、食後にトイレに行くタイミングを見て気づいたらしい。

「パスタとか麺類は吐きやすいんだよね」「衣がついているものとかってしんどくない?」「あと水! 大量に飲むでしょ」「手の甲のこの部分に、吐きだこできない?」

友達とそんな救いのないやりとりをしながら、生きるのってめちゃめちゃしんどいことなんだなあと思うようになった。

がんばる意味

長い間、私は、周りの人に自分が過食嘔吐《おうと》をしていることを秘密にしていた。

ほとんど家にいなかった母は、そもそもまったく気づかなかったし、母に代わって私の面倒をみてくれていた祖父母には、気づかれないよう細心の注意を払った。

激やせしたり、倒れたりしたら、さすがに誰かが気づいてくれたかもしれない。でも、残念ながらそういうことは起きなかった。

生理が止まるなどというわかりやすい不調もなかったから、私自身も「病気である」とか「治さなくちゃいけない」という危機感がなく、治療を受けるまで12年も放置してしまったのである。

そこでまずは、過食嘔吐がはじまってからの私がどう過ごしてきたか。どうやって治療に辿り着いたかを、お話ししておこうと思う。

大学受験の直前、私は親から学費を払えないと言われた。だから、目指していた美大の受験をあきらめた。

それで、高校卒業後は、祖父母の建てたビルの一角でひとり暮らしをさせてもらい、いくつかアルバイトを掛け持ちして、必死でお金を貯めた。デザインの仕事に興味があったからパソコンが欲しかったのだ。

パソコンを買うことが、お金も学歴も持たずに社会に放り出された18歳の私が、ただひとつ持つことのできた目標だった。およそ半年で貯金は60万円ほどできた。

そして21歳のとき、運よく、インターキュー（現・ＧＭＯインターネットグループ）で、ウェブデザイナーのアシスタントに採用された。高卒のコンプレックスもあって、寝る間も惜しんで働き、必死で仕事を覚えた。その甲斐あって、正社員になることができた。

当時、ＩＴ業界は上り調子だったし、ウェブデザイナーという職業もできたばかりといろいろタイミングが良かったのだと思う。数年後には、大卒の社員よりも多いお給料をもらえるようになっていた。仕事でも評価をしてもらい、ひとりで生活するのにじゅうぶんな収入も手に入れた。

でも、生活の安定とは裏腹に、過食嘔吐の習慣はなくならなかった。

どんなに生活がうまくいっても、私の中から漠然とした不安が消えることはなかったからだ。


社会人になった私に、母は定期的にお金を無心してきた。

「必ず返す」という母の言葉を信じたくて、いつも貸してしまった。けれど、いつも、そのまま無視されるか、返してもらうまでにすごく時間がかかった。返せない理由を聞くと怒りだすから、母がなぜそんなにお金に困っているのかもわからなかった。母からのお金の要求がいつまで続くのだろうと考えると、すごく息苦しかった。

職場では、大学に行けなかったというコンプレックスが消えなかった。

自分がすごく普通で、特別な才能があるわけではないことに焦っていた。

そういうものがごちゃごちゃに混ざり合った不安が、いつも心の中にあった。

思い返せば、子どものころから、私には安心というものがずっとなかった。

自分が生き残るためには、もっとがんばらないといけないといつも思っていた。

がんばりが足りないから不安なんだと思い込んでいた。

25歳のとき、もっと厳しい環境で自分を成長させなくてはいけないと思い詰めた結果、待遇にも人間関係にも恵まれていた、すごく居心地のよかったGMOを辞めて、転職をした。

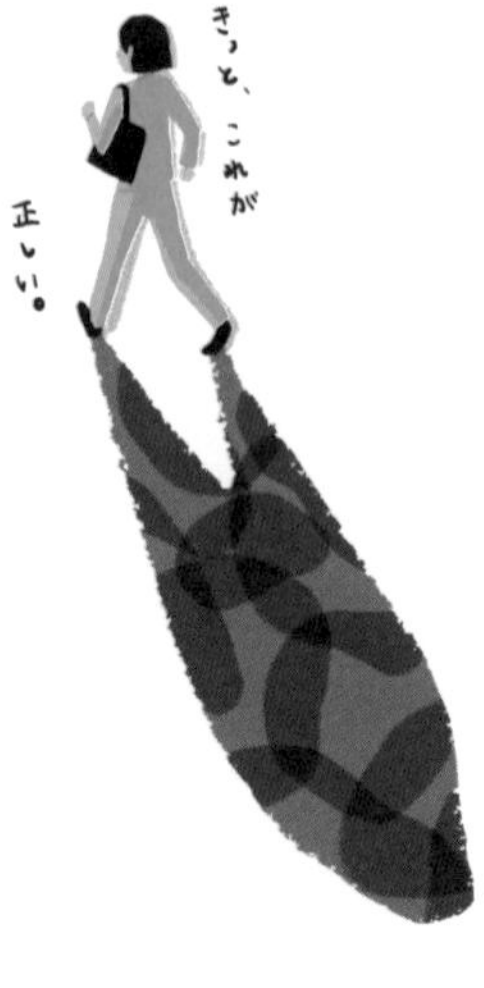

がんばると心がすり減る

転職先は、前職と同じIT業界で、かつ、外資系の大企業だった。

寝る間も惜しんでバリバリ働くことになるんだろうなというのが、私の外資系の会社へのイメージだった。

でも、ここでがんばって認められれば、世の中に影響を与えられるような大きな仕事ができるかも。誰もが名前を知っているようなすごいサービスを作れるかも。そんな希望と野心があった。

でも、入社してみると、想像とはぜんぜん違った。

そこは、良くも悪くも大企業らしかった。作業は分業化されていて、新規事業もどの部署が担当するかの交渉・調整で短くて数か月、長くて1年かかることもあった。

仕事を得るためには、デザインのスキルとはぜんぜん関係ない政治力が必要だった。

ある日、上司が急に会社を休んだため、することがなくなった私は、別の上長に「なにかできることはありますか？」と聞いてみた。

するとこんなことを言われた。

「そういうことは言わないほうがいい。君の上司が無能だと思われるよ」

「は？　じゃあ、終業時間まで黙って座ってろっての？　それ給料どろぼうっていうんじゃやね？」と思ったけれど、口にはできなかった。この会社への興味がどんどん薄れていくのを感じた。

ＧＭＯというベンチャー企業で、意見をどんどん言うこと、新しいことに挑戦する楽しさを感じていた私は、完全に職場で浮いていたのである。

新しいプロジェクトを進めても、社内競争に負けて、最終段階で担当が代わってしまうこともあった。社内の人間関係にくたくたになっているうちに、自分がやりたかったことを他社がすでにはじめてしまって悔しかった。

たくさん働いて、たくさん結果を出して、たくさんお給料をもらおう……。

そのサイクルで支えられていた私の自尊心は、自分では意味を感じられない雑事に振り回されてどんどんすり減っていった。

衝撃の失恋

私がそんな仕事の悩みや不満をぶつけていたのは、当時の恋人だった。

彼も同じ業界の人だったから、話をよくわかってくれた。彼に話を聞いてもらうことで、私はなんとか日常を保っているような感じだった。

そんな彼にある日突然、別れを切り出されたのだ。

「君は自分のことばかりだから、もう一緒にいられない」というようなことを言われた。

私にとってそれは、好きな人から拒絶される初めての経験だった。

実は、そのころの彼は、仕事のストレスで10キロも痩せてしまっていたという。

思い返せば、忙しくて会えないと言われることもよくあった。

でも私は、彼のつらさにも、そんなに痩せてしまっていることにもまったく気づいてあげられなかった。**彼のやさしさを当たり前だと思い、彼をいたわるどころか、会えないことに不満を言ったりもしていた。**

彼が去っていったのは当然だった。


このころ、過食嘔吐《おうと》はいちばんひどくなっていたと思う。会社を抜け出し、コンビニで食料を買い込んで、一気に食べてトイレで吐く。多いときで、1日に5回はそんなことをしていた。そのうち、夜も眠れなくなった。


人は、眠れなくなるとおかしなことを考える。

会社のみんなは私のことが嫌いなんじゃないか。

あの人のあの言葉はじつは私を責めていたのではないか。

そんなことを想像して、シャワーを浴びながらわあわあ泣いた。

毎日電車に乗って会社に向かおうとするものの、途中で気分が悪くなり、たどりつけないことも出てきた。会社を休むことも増えた。

もしかしたらこのまま働けなくなって、いつか野垂《のた》れ死ぬのかな……。

死んじゃったほうが楽かもしれないとすら考えるようになっていた。

やっと手に入れた仕事と収入を失うかもしれないことが怖かった。

まだがんばりが足りないのだろうか？

でも、私の心と体はすでにくたくただった。

不安になると、また、たくさん食べて吐いた。

過食嘔吐だけが、まるで悪友のように、いつも私のそばにいて「吐いたら楽になるよ」と教えた。でも、吐いても、吐いても、問題はなくならなかった。

手書きの名刺とひろゆき君

ひろゆき君と初めて出会ったのは、その最悪な状況の真っただ中だった。

ある日友人に、異業種交流会に誘われて参加した。そこにひろゆき君が偶然やってきたのである。

彼は「2ちゃんねるの管理人」としてすでにIT業界では有名人だったから、彼の周りには人だかりができていた。

私と一緒に来ていた男性の友人が、ひろゆき君に声を掛けてほしいと頼んできた。持ってきていた名刺はすでに全部配ってしまっていたし、そんな有名人に話しかける勇気もなかったから、最初は断った。でも、「SNSでつながってるんでしょ」「女の子から声をかけたほうが向こうだって喜ぶよ」などとせがまれ、しぶしぶ、名前と会社名を小さな紙に書いて、ひろゆき君に渡した。まるで時代遅れのナンパみたいで、すごく恥ずかしかった。

「あー、すみません。僕名刺とか持ってなくて」

と、ひろゆき君は言った。

「そんな、気にしないでください。私もこんな手書きのメモですし……」

私たちの最初の会話はそんな感じだった。


ひろゆき君は、私が想像していたのとはぜんぜん違う人だった。

訳のわからないIT用語ばかり話すとか、アニメやゲームのTシャツを着ているとか、いわゆるオタクっぽい姿を想像していたのだ。

「思っていたより普通の人だった」というギャップだけで、私の中の彼への好感度は高いものになった。まったくギャップとは便利なものだ。

そして、その手書きの名刺を覚えていたひろゆき君が、後日連絡をくれた。


ひろゆき君と結婚してから、このときのことをふと思い出して「そういえば、なぜ、私に連絡をくれたのか」と聞いてみたことがある。

「手書きでわざわざ連絡先を書いてきたから、そのぶんのコストを返さねばと思った」だそうだ。


その交流会のあと、少ししてから、私たちはよく一緒にご飯を食べる間柄になった。

そして、食事をしながら、いろいろな話をした。

ひろゆき君が、学生時代からずっと付き合っていて、結婚も考えていた恋人にふられたこと。そのときに泣いたこと。別れの原因は、ひろゆき君が彼女のつらさになにも気づいてあげられなかったこと。そして、彼女のほうから去ってしまったということ。

話を聞きながら、なんだか、ふられた原因が私と似ていると思った。

そして気づくと、私もひろゆき君に自分のことをすっかり話してしまっていた。

最近、恋人にふられたこと。恋人から「自分のことしか考えていない」と言われたこと。そんな自分を変えたいと思ったこと。そのために、ずっと抱えてきた摂食障害を治したいと思っていること。

ひろゆき君は、驚いた様子もなく、ときどきうなずきながら静かに聞いてくれた。

そして、摂食障害のことについて、いくつか私に質問をした。

どこの病院に行くつもりなの？　とか、いまどんな症状があるの？　とか。

それまで付き合った人には、なぜか摂食障害のことは話せなかった。

話を聞いた人が、離れていってしまうのが怖かったのだと思う。

でも、ひろゆき君は違った。

彼に話したとき、この人は離れていかないんだな、話しても大丈夫なんだなと心から思えた。自分の正直な思いを聞いてくれる人に、初めて出会った気がした。

そして、この出会いは私に、目の前の現実を変えていく力をくれた。

ボタンの掛け違いをひとつひとつ直していく、そんな勇気をもらったのだと思う。

これが、摂食障害がはじまってから、治療を受けることになるまでの話。

次は、そもそもどうして私が摂食障害になったのか、それを考える手がかりとして、私が育った家庭のことについて話してみたいと思う。

時は、私が赤ちゃんだったころに遡《さかのぼ》る。

親は選べない

少し前、「親ガチャ失敗」というフレーズが日本で流行っていることを、知り合いの編集者さんから教えてもらった。

たしかに、ガチャガチャと親は似ている。自分では選べないこと、与えられたものを受け入れるしかないこと。なかなか的を射たたとえだと思った。

私も親を選べなかったと思って生きてきた人間のひとりである。

私が1歳半のとき、父と大ゲンカをした母は私を連れ、当時住んでいた千葉の家から逃げ出した。ケンカの原因は、父のギャンブルと借金だったという。

母が向かった先は、母の姉夫婦が住んでいた新松戸の家だった。すっかり暗くなった道を、母はそこまで自転車を漕《こ》いで行ったという。

この話を書くにあたり、千葉の家から新松戸まで、いったい何時間かかったのか気になって、Googleマップで検索してみた。「自転車で1時間16分」と出た。

当時、私が乗せられていたのは、自転車のハンドルにネジで取り付けただけの、すごく簡易的な自転車用の子ども椅子だったと記憶している。

たぶん、ちょっとバランスを崩したら、赤ちゃんの私は地面に落っこちただろう。それでも母は自転車で逃げた。暗い夜道を1時間以上。せめて、朝になってから電車で行こうとは考えなかったのだろうか。とても正気とは思えない。

母と父は、東京のクラブのようなところで出会ったらしい。

父は、就職祝いに親から車をプレゼントしてもらうような、いわゆる田舎のボンボンだった。そのボンボンが千葉の実家から東京に遊びにきて、華やかで遊び好きの女性に出会った。2人は恋に落ち、結婚した。父が25歳、母が22歳のときだった。

そして、母が24歳のとき、私が生まれた。

大人になってから、母がつけていた「育児日記」を読んだことがある。

そこには、生まれたばかりの私をいとおしく思う気持ちがつづられていた。目を開けてこちらを見たとか、笑ってくれてうれしいとか。でも、同時に、父との生活の終わりを予感させるようなことも書いてあった。

「ゆかのことを、これから悲しませてしまうかもしれない」

両親が仲良く話している様子とか、肩を並べて歩いているといった記憶が、私にはまったくない。2人は、私が生まれたころにはすでにうまくいっていなかったのだ。

人生最大の謎

ときどき、当時の母が置かれていた状況に思いを馳《は》せることがある。

流行の最先端だった東京から、保守的な考え方の地方に嫁ぎ、そこの習慣になじめず、ずいぶん嫌な思いをしたようだ。

朝から晩まで家族の世話に追われる毎日。

食事もお風呂も、嫁はなんでも後回し。

親戚が持ってきたお土産のお菓子を、母だけがもらえないこともよくあったそうだ。

初めての育児で、ただでさえ不安だったろうに、夫はギャンブルに夢中で留守がち。

もし私がそんな環境にいたら、１秒だって耐えられなかっただろうなと想像する。

それにしても、母はなぜ、そんな父の元に嫁ぐことを選んだのだろう。

いったい、父のどこが良かったのだろう。

私が高校2年生のとき、経済的に困窮して母とは暮らせなくなった。それで、1年半ほど父のお世話になった。父と一緒に暮らした経験をふまえても、たしかに人好きのする面もあるが、なぜ結婚相手に選んでしまったのかは、大いに疑問が残る。「物事の分別がついたら結婚なんてできない」と樹木希林さんがいつだったか話しているのをネット記事で見たが、そういうことか？

父は、私の人生において、不動のキングオブクズなのである。

母が選んだのが父ではなかったら、母は違う人生を歩めたのだろうか。

母は、いまから10年ほど前にがんで亡くなった。

父の元から逃げ出した母は、私を選んだはずだった。

けれど、そこまでして守りたかったはずの私との関係を、母はなぜかみずから壊してしまった。

なぜなら母は、離婚してすぐに、ギャンブルに手を出したからだ。

そしてギャンブル依存症になって、家族にめちゃめちゃ迷惑をかけた。

この本を書くために初めて、なぜ母が、自分を苦しめた父と同じことをしたのか考えてみた。冷静に考えると「よりによって、なぜあいつと同じギャンブルなんだ？」という疑問が湧《わ》いてきたからだ。

でも、母が生きていたとき、私はなぜかその疑問を母にぶつけたことがなかった。

死んでしまった母にはもう聞けないし、自分でいろいろと理由を想像してみることにした。

最初はたぶん、シングルマザーとして抱えるストレスがあって、友達に誘われたりしたんだろうか。「ちょっとした気晴らし」くらいの気持ちではじめたんだろうか。

けれど「なぜギャンブルだったのか」ということは、いくら考えてもやっぱりわからなかった。

そして、ひとつの結論に至った。

要するに、父と母は似たもの夫婦だったのだと思う。

いろいろ考えたけれど、導き出された答えは結局その1行にすぎなかった。

母はよく無邪気に私に言った。

「あなたがママを選んだのよ」

そう言われるたびに、勘弁《かんべん》してくれよと思っていた。

選べないから困っているんじゃないか。

自分で選べるのなら、おそらくもう少しマトモな人を選んでいたはずだ。

孤独よりもやっかいな問題

母は、私が1歳半のときに、千葉にある父の実家を飛び出した。その後母は、東京の駒込に部屋を借り、仕事を見つけ、私と2人の生活をはじめた。

シングルマザーに育てられたといっても、小さいころの私は、孤独というものをほとんど感じていなかったと思う。

そう遠く離れていないところに母方の祖父母が住んでおり、母に代わって食事の世話や習い事の送迎などをしてくれた。子どもがいなかった伯母さん夫婦も、自分の子どものように私のことを気にかけてくれた。

それは、すごくありがたい環境だったといまでも思っている。

とはいえ私は、成長するにつれ、孤独とは別の問題に巻き込まれるようになっていった。

母が他の親族、つまり、祖母や伯母と仲がだいぶ悪いということに気づいたのは、ちょうど小学校に上がったくらいのころのことだったと思う。

その仲違いの背景には、母が、祖母や伯母からかなりの金額を借金していたということがある。

約束どおりに借金を返そうとせず、性懲りもなくお金を無心しつづける母に、祖母や伯母は相当のストレスを抱えていた。そして、母のせいでため込んだイライラが、子どもの私に向かうことがよくあった。

祖母や伯母に嫌みを言われるたびに「私が悪いんだ」「私がなんとかしなくちゃ」と焦るのだけれど、どうしたら許されるのかわからなかった。なにもできずに「これ以上怒られませんように」と祈るしかない毎日はつらかった。

母の悪口もよく聞かされた。そのたびに胸の奥がチクチクと痛んだのだけれど、やめてほしいと言えなかった。忙しい母に代わって私の世話をしてくれたのは、祖母や伯母だったし、**この人たちに嫌われてしまったら生きていけないと感じていたからだ。**

小学生のころ、学校が終わると、米屋を営む祖父母の家に行き、みんなで夕飯を食べながら仕事帰りの母を待つという生活を送っていた。

でも、母が迎えにくる時間はだんだん遅くなり、最終的には、夜の9時、10時になった。

小学生の私は、そんな時間まで起きていられず、母が迎えに来るころには祖母が出してくれた毛布にくるまって眠ってしまっていた。

夜更けに私を引き取りにきた母が、玄関先で祖母に叱《しか》られていて目を覚ますこともあった。「早く家に帰りたい……」と思いながら、私は寝ぼけ眼で言い争う2人の声を聞いていた。

祖母と母があまり話をしなくなったのも、そして母が夜中に私をひとり置いて遊びに出かけるようになったのも、このころからだったと思う。

楽譜をめぐる争い

同じころ、母と伯母の関係もぎくしゃくしはじめた。

私がその不穏な空気に気づいたのは、こんなことがあったからだ。

私はピアノを習わせてもらっていたのだけれど、ピアノの先生から借りた楽譜を次のレッスンまでにコピーして返すという約束があった。でも、母はその約束をすっかり忘れてしまっていた。


祖父母の家、つまり実家には母の姉である伯母がしょっちゅう来ていて、私はよく話をした。いま思えば、出戻りの妹が連れてきた「不憫《ふびん》な子ども」のことを、伯母なりに気づかってくれていたのかもしれない。

「楽譜のコピーが必要なんだけど、ママがまだしてくれない」という話をしたら、

「じゃあ、おばちゃんがコピーしておいてあげるよ。今度楽譜持っておいで」と言っ

てくれた。

帰宅後、母に「おばちゃんが楽譜をコピーしてくれるって言うから頼んでおいたよ」と伝えた。

忙しい母を煩わせまいという、私なりの気づかいのつもりだった。

しかし、それを聞いた母の機嫌は、見るからに悪くなった。そしてこう言った。

「コピーはママがやってあげるから、おばちゃんには断りなさい。ママがピンクの紙にコピーしてあげるから」

そのときの母の威圧感がすごくて、私は「わかった」としか言えなかった。でも、内心では「ピンクの紙なんてどうでもいいから早くコピーしてくれ」と思っていた。

仕方なく、伯母には電話で断った。

「コピーはやっぱりママにしてもらうことにした」と伝えた。

少しでも伯母が気分を害さないといいなと願いながら「ピンクの紙に」と、付け加えた。けれど、伯母は「そう、わかった」と不満げに言うだけだった。

ピンクの紙の効果は、やっぱり1ミリもなかった。

その後、母は約束どおりに「ピンクの楽譜」を用意してくれたけれど、私はちっとも嬉しくなかったのを覚えている。自分にはよくわからないことで、母と伯母が険悪になっていることが嫌だった。

そして、このころから、徐々に伯母は私に干渉してくるようになった。子どもの私を心配していた部分もあるかもしれないが、まるで監視されているかのようにやることなすことに口出しされ咎められ、私は伯母を怖れるようになった。

伯母が近くにいると、胃のあたりがきゅうっと締《し》め付けられ、苦しくなった。

母と宗教と搾取

母はある宗教の信者だった。

ある日、家にすごく大きな仏壇が現れた。祖父母の家で仏壇を見たことがあったから、これも同じようなものなのかなと思ったけれど、サイズがとにかく大きくて、母と2人で暮らす狭い部屋にはどう見ても不釣り合いだった。

子どもながらに「こんなダサいものが家にあるなんて……」と思ったのを覚えている。

私は、その宗教の集まりに連れていかれるのがすごく嫌だった。

そこで、なにか嫌なことをされたとかではなかったし、集まっている大人たちはみな親切だったけれど、なぜか居心地がとても悪かったのだ。

その集まりには、同じ小学校に通う子どもが何人かいた。

その子たちは、学校では私にまったく話しかけてこないのに、その場ではまるですごく仲のいい友達みたいに「ゆかちゃん」と近づいてくることに不気味さを感じた。

体が弱く学校を休みがちであったり、あるいはとても内気だったりで、教室にいるときのその子たちは、ほかのクラスメイトの輪に入れないようだった。誰かに話しかけられるとびくびくしているように見えた。嫌いという感情はなかったが、私が自分から友達になりたいと思える子はいなかった。

それなのに彼らの親は、いかに自分たち家族がこの宗教に救われているかを嬉々として話し、信仰心をアピールしていた。

私には、彼らが幸せそうには見えなかった。救われているようにも見えなかった。私にとってそこは、搾取《さくしゅ》される弱い人の集まりだった。

その中に、自分の母親がいることが悲しかった。ちなみに、その宗教の人すべてがそうだったかというとそうではなく、そういった集会で会わなければまったく入信しているとは気づかないような普通の、むしろ堂々として素敵だなという感じの人もいた。だから結局は人によるのかもしれないが、追い詰められたり、なにかしら問題を抱えていたりする人がより宗教にすがり、盲目的になってしまう側面はあるように思える。

8歳のとき、私は交通事故に遭《あ》った。十数メートル跳ね飛ばされるような事故だったにもかかわらず、奇跡的にたんこぶができただけで済んだ。それでも2週間ほど入院することになった。

8歳の子どもがひとりで入院するというのは、不安なものだ。それなのに、母はほとんど病院に姿を見せなかった。理由をたずねると「ゆかが元気になるように家でお祈りをしていたの」と答えた。

衝撃だった。私の様子を見にくることより、お祈りを選んだのだから。母がなにを大切にしているのか、私を愛しているのか、ほんとうにわからなくなった。

意を決してその宗教の集まりに「行きたくない」と母に言ったことがあった。けれど、母は機嫌が悪くなっただけで、なにも聞かなかったかのように、変わらずそこへ連れていかれた。

もう、この人には自分の気持ちを話しても無駄なんだな。私の話なんてもう聞いてくれないんだなとあきらめたのを覚えている。

その後も、月に1回ほど連れていかれるその宗教の集まりに嫌々参加し、離れるチャンスをただ待った。そして数年後、中学受験することになったときに、受験勉強が忙しいから行けないと断ったら、母はあっさり認めた。

なにが理由として通るかは、いつも母が決めるのだと学んだ。

闘うことの虚しさ

小さいころ、私は「聖子ちゃん（昭和のアイドル、松田聖子さんのことですよ、令和のみなさんわかりますか？）」のことをかわいいなと思っていた。

でも、自分が着るものは、聖子ちゃんみたいなリボンやフリルがついたかわいらしいものより、モノトーンとか、シンプルなものが好きだった。

だから、女性として生きていくにあたり、自分はアイドル路線で行くのはやめようという算段は、けっこう早くから持っていたかもしれない。


小学生になって、セクシーな衣装を着て、にらみつけるように歌うマドンナをテレビで初めて見た。「かっこいい！」と心を奪われた。

それ以来、マドンナが私の憧《あこが》れの人になった。

そのときはまだ子どもだったから、自分がどうしてマドンナに憧れるのか、ちゃんと言語化できていたわけではなかったけれど、いま振り返ってみると、闘う強さや生き抜くためのしたたかさみたいなものに惹《ひ》かれたのかもしれない。

小学生のころの私は、大人の機嫌を損ねないようにいい子を演じていた。
しかし、10代に差し掛かると、その様子がだんだん変わってくる。
中学受験に合格し、学校で気の合う友達ができたことも影響していたと思う。自分の意見をかなりはっきり言うようになっていた。祖母や伯母に対しても、強気な態度をとった。

元々、負けず嫌いの性格だったのだろう。そこに反抗期も加わり、私は、口ゲンカモンスターと化した。

前述のとおり、母はしょっちゅう祖母からお金を借りていたのだが、その返済のことで母と祖母はいつも揉《も》めていた。

母に言っても埒が明かないからといって、祖母は私に返済の催促をしてくるのだが「貸さなきゃいいじゃん！　返ってこないのわかっててお金を貸し続けているおばあちゃんがいけないんだよ。自業自得じゃん」などと言い返した。

母の悪口をやめてくれない伯母には「親の悪口を子どもに聞かせるなんてどうかし

ている。おばちゃんの子どもじゃなくてほんとうによかった」なんて言ったこともある。子どものいない伯母にその言葉を言うことがいかに残酷だったか……。いまでも思い出すと、胸が痛む。

「攻撃は最大の防御」と言うけれど、当時の私の戦法は、攻撃に全振りされていた。ほかの闘い方を知らなかったからだ。でも、自分の怒りをぶつけるたびに嫌な気持ちになった。そして、そもそも、家族と闘ってもなんの意味もなかった。

いくら私が声を荒らげて「やめてほしい」と訴えても、祖母も伯母も私を不満のはけ口にすることをやめてくれなかった。

祖母や伯母にとって私はいつまでも養育すべき、か弱い子どものままだったし、「あなたを心配して」と言えば（実際に心配はしていたのだと思う）、まるでなにをしてもいいと思っているふうにすら見えた。私の言葉を対等に真剣に聞いてくれる人はいなかった。

それでも私は闘うことをやめなかった。やめたら負けだと意地になっていた。「なにを言えばこいつらを黙らせることができるか」と日々考えていたから、良くも悪くも、口ゲンカだけはどんどん強くなっていった。

ちなみに、こういう家庭環境で育ったことの弊害を、ひろゆき君という家族ができてから、すごく感じた。ちょっと意見が合わないときに、「ここで言い返さないと負ける！」という焦りのようなものが、ふつふつと沸《わ》き上がってきて、冷静に話ができなかったのだ。

そして、感情に任せてついつい言いすぎてしまうことも多かった。

「なにを言われてもあまり気にしない」という特性を持つひろゆき君に助けてもらいながら、私はいまもそういう自分の「心の癖」と向き合っている。

絶対に死んでやるもんか

私が中学生になると、母は家を空けることがますます多くなった。最高で3日ほど家に帰ってこなかったことがある。

母がそんな暴挙に出られたのは、私が炊事洗濯などの家事をひと通りこなせるようなしっかり者に育ったからだろう。

親族からだけでは足りず、友人、知人、消費者金融から借金していた母の生活は、どんどん荒れていった。もともときれい好きな人だったのに、部屋を片付けなくなった。灰皿にはタバコの吸い殻が山盛りになっていたし、食べかけのパンの袋や、飲みかけの空き缶が、日常的に床に転がっていた。そういう部屋を、中学生の私が掃除をしていた。

そして、祖父母のいる田端の実家に母と私が移り住んだことが、母の夜遊びに拍車をかけたと思う。

祖父母が米屋を畳んで建てたビルの空き部屋を、私たちに格安で提供してくれたのだ。おかげで母は家賃をだいぶ節約できたし(それすらもその後払わなくなったが)、食事だって祖父母の家で食べることが多くなった。それなのに相変わらずお金に困っていた。

中学生の私でもさすがにこれはおかしいと思い、「なにに使っているの?」「なんでお金がないの?」とたずねるのだけど、母はムスッと黙り込むだけだ。

ある日、母とささいなことがきっかけで大ゲンカになった。

母は、うちにお金がないのは私のせいだと言った。

「あんたがいるから生活が苦しい」「あんたにばかりお金がかかる」と母はまくしたてた。

母がギャンブル依存症だったことを知っているいまなら「いや、それあなたのギャンブルのせいですやん」と言えるのだけれど、当時はその事実を知らなかった。

母に責められて「ママが困っているのは私のせいなんだ」と思ってしまったのである。

だから私は、部屋の窓から飛び降りようとした。

「わかった。じゃあ、ここから飛び降りて死ぬね」

泣きながらそう言って、母の顔を見た。

ほんとうに飛び降りる気はなかった。でも、そこまですれば、私がどんなに母の言葉に傷ついたかをわかってくれるのではないかと思ったのだ。

母の気を引きたいという、中学生の私なりの必死の行動だった。

でも、母は表情ひとつ変えずに「バカじゃないの」と言った。そして、そのまま黙って部屋を出ていってしまった。


窓の外を見ると、眼下には隣家の屋根があった。

たしかにこれじゃ飛び降りても死ねない、と思った。

ひとり部屋に残されて、さっきまで飛び降りようと窓枠にかけていた足を下ろし、窓を静かに閉めた。馬鹿馬鹿しくて、むなしかった。


命を懸けて母に愛されようとするなんて、割に合わないことだったのだ。

死んでも私が損するだけじゃん！

母なんかのために、絶対に死んでやるもんかと心に誓った。

居場所さがし

寄り添ってくれない、理解してくれない母と、母が問題を起こすたびに、私を責める大人たち。そんな環境で育った私は、家の中ではいつも心が休まらなかった。
子どものころから抱えてきたいろんなものが限界を超えたときに、過食嘔吐《おうと》がはじまったのだと思う。

家がいつもごたごたしていたせいなのか、中高生の私は、家の外でくつろげる場所を必死に探していた。わがままを言えたり、安心して過ごせる居場所を。

幸運にも家の外に、私はそういう居場所を見つけることができた。
学校生活では、いまでも関係が続いている親友に出会えた。都心部から少し離れた、比較的落ち着いた私立校で、不良もいなかったし、いじめや人間関係で悩むことのほとんどない6年間を過ごすことができた。

レコード屋にも通った。店員さんにおすすめのレコードをたくさん教えてもらい、好きな音楽にたくさん出合えた。

よく服を買っていたお店の店員さんにも仲良くしてもらった。学校帰りにお店に寄り、そこでおしゃべりするのがなにより楽しかった。

「ゆかさん、その環境でよくグレなかったよね」と人から言われたことがあるけれど、家での人間関係が常に忙しかったから、外ではもはやもめごとを作りたくないと思っていたのだろう。同世代とも、大人とも、それなりにうまくやれる器用なティーンエイジャーだった。

そして「この人が好き！」「この人と仲良くなりたい！」というスイッチが入ったときの私の行動力は、われながら凄まじかったと思う。

16歳のとき初めて付き合った人は、6歳年上のグラフィックデザイナーだった。私が彼をナンパしたのだ。

彼には、好きなミュージシャンのライブ会場で出会った。彼を一目見て「カッコいい！」と思った私は「めちゃめちゃかっこいいので一緒に写真を撮ってください」と話しかけたのである。

当時の私は、自分が動かなければ、なにも手に入らないと必死だったのだと思う。美容院のヘアモデルのバイト、企業のマーケティング調査のアンケートモニター、おもしろそうなことはなんでもやった。

好きなものを見つけたら積極的に飛び込んでいくことが、サポートをうまく得られない家庭で育った私の、生存戦略のひとつだったのかもしれない。

そして、グラフィックデザイナーの彼とは、高校3年生の途中まで交際が続いた。彼は、デザイン業界のことをなにも知らない私に、その世界のことをたくさん教えてくれた。デザイナーになりたいという私の夢を、一緒に育ててくれた人でもあった。

なぜ、彼と別れてしまったのかもう思い出せないのだけれど、ひとつ苦い思い出がある。

あるとき、私に彼氏がいる、しかも6歳も年上だということを知った伯母（母の姉）は、ひどく心配した。そして、私の自宅の電話のリダイヤル機能で、彼の電話番号を見つけ出した。彼は東京在住ではなかったから、見慣れない市外局番から割り出したのだろう。

そして、姪っ子が悪い男に騙《だま》されているのではないかと心配のあまり、その番号に電話をしてしまったのだ。

ちなみに、その事実を、伯母は私に黙っていた。事情がわかったのは、彼から「伯母さんから電話があったよ」と後日知らされたからである。

伯母の電話に出たのは、彼のお母さんだったらしい。伯母が用件をどのように伝えたのかわからないけれど、ひょっとしたらなにか失礼なことを言ったかもしれない。それでも彼のお母さんは伯母に丁寧に対応してくれて、彼と話をさせてくれたという。

彼にこのことを聞かされたとき、顔から火が出るほど恥ずかしかった。

悪い男に引っかかるどころか、彼をナンパしたのは私のほうなのだから。

私は伯母に電話をかけ、どうしてそんな余計なことをするのか？　私と彼の交際が、いったい伯母さんにどんな迷惑をかけたのかと抗議した。すると伯母は、謝るどころか「あんたが心配させるようなことをするからだ」と逆ギレし、そのまま電話を切られた。

歳の離れた交際相手のいる姪っ子を、心配する気持ちまではわかる。でも、私にひと言もいわず勝手に連絡するのは、あまりに過干渉ではないか。心配だと思ったら、なにをしてもいいのだろうか。この電話の件がきっかけで、伯母との間には大きな溝《みぞ》ができた。

自分で自分を育て直す

摂食障害の治療を受けることに決めた、25歳のころに話を戻したい。

「自分のことしか考えていない」と当時付き合っていた彼に言われた私は、ものすごいショックを受けた。

その言葉は、私がいちばん言われたくなかった言葉だったからだ。

私は心の中でいつも、自分の母にその言葉を向けていた。

母はいつも自分中心で、私の存在などどうでもいいと思っているように見えたのだ。

摂食障害について初めて母に話したとき、その疑惑は確信に変わった。

娘の告白を聞いた母は「ママがゆかを病気にしてしまったのね」と言って大げさに泣いた。けれど母は続けてこう言ったのだ。

「ゆかちゃん、私はね、ギャンブル依存症なの。だからお金を使ってしまうの。それがやめられないの」

思わずため息が出た。なんでいまそれを言うのだろう。

「ゆかちゃんは食べ物に依存する人で、私はギャンブルに依存する人なんだね」って、修学旅行で秘密を言い合う女子高生のノリだった。

そのとき、私がどんな言葉を返したかはもう思い出せない。

ただ、ああ、またかとガッカリしたことは覚えている。

母のお金の使い方が異常だということを、私はとっくに知っていた。その使い道がギャンブルだったのか、ということには合点がいったけれど、だからなんなんだ。

私だけじゃない。母がお金にだらしないことは、周りの人はみんな知っていた。

自分だけ言いたいことを言って、なんだかすっきりした顔をしている母が憎らしかった。

ちなみに、その日以降も、母の私への態度は、やっぱり変わらなかった。

ひと月もしないうちに、いつものようにお金の無心をしてきて、母と口論になった。「摂食障害の治療にもお金がかかるし、仕事も辞めることになるかもしれないから、お金は貸せない」と答えたら、体調を気遣ってくれるどころか、こう言われたのだ。

「だって、あなたの病気はもう治ったんでしょう？」

だから思った。

この人みたいにならないように、私は自分で自分のことを治していこう。そのうえで、ちゃんと誰かと生きていける人になろう。

誰かを守れる強さを持とう。

あらためてそう決意したのだった。

論破は百害あって一利なし

出会ったばかりのころのひろゆき君はまるで、私を救いに来た白馬の王子様だった。私が出社してパソコンを立ち上げると、メッセンジャーアプリから「おはよう」のメッセージが来る。仕事を終えるころには、必ずといっていいほど連絡をくれ、おしゃれなお店を探して、食事に連れていってくれた。

私もそんなひろゆき君を頼りにするようになっていた。

朝、具合が悪くなって会社に行けなかった日は、ひろゆき君にメールをした。すると、彼は駅まで迎えにきてくれて、一緒にご飯を食べようと言ってくれて、彼の家で一緒に料理をして食べた。

そのとき作ったものは、パスタとかそんな簡単なものばかりだったけれど、彼と一緒に食事をするうちに、なにかが変わっていった。

「食べる」ということが、ストレス発散の手段ではなく、楽しいことだと思えるようになっていったのだ。

そのとき、私は25歳で、ひろゆき君は27歳。10代のころのような大げさに騒ぐような恋ではなかったけれど、この人との時間を、これからも大切に過ごしていけたらいいなという静かな願いがそこにはあった。

「一緒に生きていく人」という言葉が、自然と頭に浮かんだ。

たぶん、出会ったタイミングが奇跡的によかったのだと思う。

ひろゆき君は、過去の恋愛の反省から、私に丁寧に向き合おうとしてくれたし、私は散々な失恋の後で、自分を変えようと努力している最中だった。

もし、タイミングがほんの少しでも早かったり、遅かったりしたら、私たちがパートナーとして歩んでいくことはなかったかもしれない。

甲斐甲斐《かいがい》しい彼氏を演じていたひろゆき君だったけれど、付き合って半年くらいすると、すみやかに通常モードに移行していった。

おしゃれで楽しいデートプランをまったく考えなくなった。

私と会うときにジャケットやシャツを着るのもやめた。

そして、いつでもTシャツと短パン姿でゲームをしている人になった。

それでも、私の彼への信頼は変わることがなく、いっそう深くなった。

彼がなんだかんだ言って、ちゃんと話ができる人だったからだ。

一緒にご飯を食べることは2人の習慣になり、彼のそばが私の居場所になった。


ところで私は、もともとテレビを見る習慣があまりない。2015年からフランスに住みはじめたこともあって、さらに日本のお茶の間事情に疎《うと》くなった。

だから、フランスに来てからも、ひろゆき君が定期的に日本に一時帰国していることは把握しているものの、メディアに出る機会がだいぶ増えたことや、世間から「論破王」として知られていることに気づいたのは、だいぶあとになってからだった。

はじめて「論破王」という呼び名を聞いたときには失笑してしまった。

「なんかちょっとダサくない?」と言うと、「おいらからそう名乗ったわけじゃないし」と不服そうなひろゆき君。呼び方を受け入れている時点で、自分でもなかば認めているようなものなんじゃないかなぁという感想を抱きつつも、ただ、メディアってキャラが立ってる人のほうが重宝されるし、それを上手に使いこなせる人が、結果として残っている世界のようにも見える。

まぁ、好きにやるのがなにより好きな人なので、自由にすればいいのではないかと思っている。「お前の旦那は……」と私を巻き込もうとする外野は、間に合っていますけどね。

そんな論破王と暮らしているせいか、「ひろゆきさん、家庭でも論破しようとしてくるんですか?」と聞かれることがある。結論から言うとノー。

だって、想像してみてほしい。たとえば解説系のYouTuberは、みんな「この僕／私が教えてあげますよ」って目線で家族に接しているのだろうか?

ほかにも、たとえば子育て支援施策が全国的に話題となった兵庫県明石市の前市長である泉房穂氏や、『行列のできる法律相談所』をはじめとする数々のメディアに出演し、大阪府知事を務めた橋下徹氏、メディアでは堂々とした、時には強気と受け取られるような発言をする人たちは、家庭内でも同じような姿勢を維持しているのだろうか?

そんなことしてたら結婚生活維持できなくない? 知らんけど。

話をひろゆき君に戻すと、たしかにヒートアップすると饒舌《じょうぜつ》になる部分はあるし、気になる仮説を見つけると、たとえ私がそれに興味がなくても、ずっとひとりで勝手に推論を話し続けているときもある。

でも、プライベートでの彼は基本は物静かだし、たとえ議論となりその場では意見が合わなかったとしても、紙1枚分でも良い方向に進むための努力をしようとする人だ。

誰かとともに暮らすって、軌道修正と改善の繰り返しだ。それができる人だから一緒にいるのだ。それに、私を論破しようとするのなら、撮《と》れ高《だか》もないのにめちゃめちゃ面倒なことになること必至なのは、彼自身がいちばんよくわかっているだろう。

「家庭内での論破は、百害あって一利なし」なのである。

初めて自分で選んだ家族

「ゆかさんにとって、ひろゆきさんはどんな存在ですか」

インタビューで、そんな難しい質問をされたことがある。

いろいろ考えてみたけれど、一番しっくりきたのは、「自分で選んだ最初の家族」

という言葉だった。


私はずっと、一緒に生きる人を、自分で選びたかったのだと思う。

そして、その人と一緒に、自分の家族を一から作れることが、私にとってはたまらなく幸せなことなのだ。


ひろゆき君のことはまだまだわからないことだらけだ。

たとえば、この20年間ずっと、私はひろゆき君に「ゴミはゴミ箱へ捨てて」と頼んできた。けれど彼は、洟《はな》をかんだティッシュをいまでも床に捨ててしまう。

妻になっても私は、ひろゆき君にゴミをゴミ箱に捨てさせることさえできない。


夫婦というのは一心同体。

夫婦は、2人で困難を克服したり、理想を実現したりするもの。

そんなふうに昔は思っていた。

両親が離婚し、母子家庭で育ったからなおさら、自分は完璧なパートナーを見つけなくてはいけない、完璧な夫婦になりたいみたいな思いも持っていたと思う。


でも、ひろゆき君と夫婦になってみて、そんなの無理だとわかった。

夫婦は、あくまで他人同士なのだ。

そして、他人が、ただ一緒にいるだけで、ちょっと大変だし、苦しい。

そのちょっと大変な毎日を、ひろゆき君となら楽しめる。

なんだかんだ今日も楽しかったと1日の終わりに思えたら、たぶんそれが私にとってひろゆき君といる意味なのだ。

第 2 章

お金と幸せ

金は借りてもならず、貸してもならない。
貸せば金を失うし、友も失う。
借りれば倹約が馬鹿らしくなる。

シェイクスピア

お金はあってもなくても怖い

前章では、ひろゆき君との出会いをきっかけに、摂食障害と向き合う勇気をもらえたということを書いた。そして、20代が終わるころに、摂食障害を克服することができ、2008年に結婚式を挙げ、ひろゆき君と家族になった。

けれど「ひろゆき君に出会えたからすべて解決、ハッピーエンド」という話ではないことを、読者にはお伝えせねばならない。

母と父が生きている間、私は相変わらず親に振り回され続けた。

そして、不本意ながら、そこにひろゆき君も巻き込んだ。

童話はたいてい「お姫様は、王子様と結婚して末永く幸せにくらしましたとさ。めでたしめでたし」で終わる。でも、現実世界では、どうやれば末永く幸せに暮らせるかが重要だ。そしてその方法を私に教えてくれる人はなく、自分で探すしかなかった。

私がいまでも手放すのに苦労しているのは、お金にまつわるいくつかの怖れだろう。

私はいまでも、お金がなくなるのがすごく怖い。

さらに言えば、経済的に誰かに依存するのが怖い。

いつもお金がなく、人からお金を借りるために必死になっている母をずっと見てきたから、あんなふうにはなりたくないという思いが強いのだと思う。


そして、さらにやっかいなのは「お金があっても怖い」ということだ。

ひろゆき君やひろゆき君の周りの賢い人たちは、お金の貯め方も増やし方もよく知っている。でも、私は大金を自分が持つことがまったく想像できない。

というか、自分のペースで稼いだわけではない額のお金を持ってしまったら、母や父のようにおかしなことをして人生を棒に振ってしまうのではないかと不安になるのだ。

たぶん、これもまた、親からかけられた呪いのひとつなのだろう。

私のことをお金持ちだと勘違いしている人がけっこうたくさんいるようだけど、お金があることが怖いと思ってしまう私は、たぶん一生、お金持ちにはなれないと思っている。

私がやってきた「財テク」といえば、コツコツ働いて、コツコツ貯金して、収入以上には使わないということぐらいだ。家族カードで買い物をするという習慣もないし、結婚してからずっと、好き放題にお金を使うということをしたことがない。

中国の思想家、老子の思想に「足るを知る」という言葉がある。現在の自分の状況に満足し、いま目の前にあることに感謝をするという意味で、私はこの言葉がとても好きだ。自分のペースを守りつつ、いまある状況に満足し、感謝しながら、願わくは、お金を無駄に怖がる自分を少し変えていければと思う。

借金の板挟み

子どものころ、とくにつらかったのは、母の借金トラブルに、いちいち巻き込まれることだった。

「ママがお金を返すようにゆかからも言って」と祖母がうるさく頼んできたり、「ゆかちゃんのピアノの月謝は、うちで出しているのよ。それだけ世話になっておいて、こんな不義理なことよくできるわね」と、伯母に嫌みを言われたり。

小さいころは、祖母や伯母に母が迷惑をかけて申し訳ないと思っていた。月謝を出してもらっているのは私だったし、なおさら肩身が狭く、その伝言を、バカみたいに正直に母に伝えていた。

「ママ、おばあちゃんがお金を返してと言ってるよ」「ママ、おばちゃんが約束を守ってくれないと言っていたよ。借りているお金、返したほうがいいよ」

すると、母は決まって不機嫌になって、「そんなのほっとけばいいでしょ」と怒鳴《どな》ったり、しばらく私を無視したりした。

そして、母がお金を返せないことを祖母や伯母にこれまた正直に言うと、母の代わりに私がなぜかなじられた。

子ども時代の私にとって、正直でいることは、大人から怒られることだった。

当時のことは、いまでも思い出すと苦しくなる。

大人になってから、仕事や人間関係に恵まれ「お金がなくても意外となんとかなる」ということがわかったけれど、なんとかなるための手段をまったく知らない子ども時代にお金がないというのは、ただ悲しくて怖いだけの経験だった。

ギャンブルは人を狂わせる

母がどれだけおかしな人だったか。それをわかりやすく物語るエピソードがひとつある。

私が高校生になったばかりのころだ。

進学祝いかなにかで、母が横浜に遊びにいこうと誘ってきた。

そのころは、母と話すとケンカばかりしていたので、仲直りができればいいなと思って一緒に出掛けることにした。学校帰りに駅で待ち合わせをし、電車で横浜に向かった。道中も他愛のないおしゃべりをしてとても楽しかった。

横浜駅に着くとすぐ、母が言った。

「ママの友だちのお店に行こう」

言われるままについていった私は、その「友だちの店」に入った途端、後悔した。

目の前に拡がるその光景を、映画で見たことがあったからだ。

人々がコインをテーブルに積み、手にしたカードを見つめている。

そこは賭博場だった。

母の友達だという人が、高校の制服を着ている私に、2万円を渡してきた。「これで遊んでいいよ」と言われた。ここにいる大人はたぶん、全員頭がおかしい。私はそう直感した。

こんなところにいたことを学校に知られたら、私は退学になってしまう。一刻も早くそこから逃げ出したかったけれど、母は遊ぶ気満々だし、置いて逃げることはどうしてもできなかった。久しぶりの母との外出で、母の機嫌を損ねてしまうことが怖かった。


仕方なく、いちばん簡単そうなトランプのゲーム（これがバカラであったことを後に知った）を選び、私は全額を賭けた。すると、あっという間に倍の4万円になった。おかしいと思った。「ビギナーズラック」なんて言うが、たぶん、こうやってプレイヤーの気分を良くさせて、最終的にお金を巻き上げる手口なのだと推測した。

喜んだ母は続けて賭けるように私に言った。仕方なく、母の言ったとおりにまた全額賭けた。今度は半分になってしまった。

母はものすごく悔しがった。そして、ゲームを続けるようにせかしてきた。

でも、冷静に考えると、最初から2万円だった。その2万円だって、人からもらったものだし、なにも損はしていない。それなのに「減っちゃった、どうしよう」と思っている母、そして少なからず手元のお金が減ったことに焦りを感じる自分もたしかにいた。

30分ほどプレイして、最終的に手元にあるお金は5倍の10万円になった。金額が減ったり増えたりすることに、血が沸《わ》きたつのを感じた。

私が初めて知った賭け事の味だった。

これ以上はまずいと、私の中の誰かが忠告してきた。だから「ここでやめる！」と母に宣言した。

たった30分でも、ここは人を狂わせる。ただただ怖かった。

母は当然「もっとやろうよ、ここでやめたらもったいないよ」などと文句を言ってきたけれど、私は譲らなかった。

「私が勝ったお金なんだから私の言うことを聞いて。ここでやめて一緒に中華街に行くの。勝っているときにやめなきゃだめなの」

母は中華料理を食べながらもしばらく文句を言っていたが、食べ終わってから「ゆかの言うとおりだったわ」と言った。

「勝っているときにやめたから、こんなにおいしいごはんを食べられたのよね」

この話の結末は、別にいい話でもなんでもない。

その後も、母はギャンブルをやめなかった。

私は、大人になったいまでも、まったく賭け事に興味がない。パチンコもしたことがないし、旅行先でカジノに誘われても行くことはほぼない。人が狂ってしまう入り口に立ったことがあるからだと思う。そこはいったん足を踏み入れてしまったら、戻ってこられるのかわからない沼みたいな場所だったから。

お金がないとダメ？

小さいころは、家にお金がないことにぜんぜん気がつかなかった。

母は、私がピアノを習いたいと言えば習わせてくれたし、猫足の素敵なピアノまで買ってくれた。

犬を飼いたいと言ったときには、わざわざ青山ケンネルで、血統書付きのシェットランド・シープドッグを買ってきた。近所の子が飼っているような雑種犬がうちに来ることを想像していたから、貴婦人のように鼻筋の通った上品な犬を見たときは、正直すごく戸惑った。しかも子犬の名前は、母によってすでに「パトラ」に決められていた。ちなみに、クレオパトラの「パトラ」である。

また、年に何度かはフランス料理を食べに連れていってくれたことも覚えている。小さなお皿で順番に運ばれてくるきれいな料理を見て、お姫様になったような気持ちでいた。

シングルマザーの母は、たぶん私に引け目を感じさせたくなかったのだろう。

私立の中高一貫校に私を入学させたのも、片親であることが理由で、不憫《ふびん》な思いをさせたくなかったのかもしれない。

でも、成長するにしたがって、母がそういう生活を維持するために、いろんな人に借金をしていることを知って、いたたまれない気持ちになった。

経済的に追い詰められた母は、あるときから私の前でも取《と》り繕《つくろ》うのをやめてしまい、いつもお金がないとこぼし、お金を貸してくれと私にまで言うようになった。

そのときの私が貸せるお金なんて、２０００円とか３０００円くらいだったけど、そのお金すら約束どおりに返してくれることはほとんどなかった。

小さいときから貯金していたお年玉も、ほとんど母が使ってしまった。

母はすごくきれいな人だった。友達から「ゆかのお母さんきれいだね」と言われるのが私は誇らしかった。

お料理や裁縫も得意だった。幼稚園で使うスモックに、すごく凝った装飾をしてくれたときは目立ちすぎて恥ずかしかったほどだ。

遠足や運動会などの行事では、いつも凝った手作りのお弁当を持たせてくれたし、誕生日会には、素敵な料理やケーキを作ってくれた。

私にとっては、それで十分だった。

自慢の母で、大好きな母だった。

そのままの母でいられなかったのはどうしてなんだろう。

母が犯した最悪の借金

母は当時では珍しい自由な考えの人だったと思う。

子育ても、自由放任（すぎる）だった。

でも、母が「女の子らしくしなさい」とか「勉強しなさい」とか言わなかったことを、私は少し感謝している。

モノトーンの服を好んで着ていた私に「ゆかにはそういう服がよく似合うのね」と褒《ほ》めてくれたこともよく覚えている。

もしかしたら、自分が親に言われて嫌だったことは、私に言わないようにしていたのかなとも思う。

自由でさっぱりしていて、遊ぶのが好き。だから、家族以外の人からは不思議と好かれる人だった。私ももし、自分の母親じゃなかったら、一緒に遊ぶと楽しいなと思っていたかもしれない。

母の実家は長年、米屋という堅実な商売をやってきたことも影響していたのか、古風な考えの人が多かったように思う。祖母や伯母は、突然子連れで戻った母のことを受け入れられなかった。

祖母も伯母も唯一の孫であり、姪である私には優しかったが、母に同じように優しい言葉をかけているのを見たことがなかった。

子どものころから母は容姿が良く周りの人にかわいがられていたというようなことは、時折、祖母や伯母から聞かされた。

でも、子どものころに母が好きだったことや、よくしていた遊び、つまり、母の個性や人となりについて、家族が話題にしているのをほとんど聞いたことがなかった。

母の理解者は、家族の中にはいなかったのかなと思う。

母は、もしかしたら家族の中で孤独を抱えていたのかもしれない。

私が中学2年生のとき、母は事件を起こす。

祖父母の建てたビルを担保に勝手に借金をし、それを返せなくて裁判を起こされたのだ。そのとき法廷に立ったのは、年老いて足を引きずった祖母だった。ちなみに父親である祖父はショックで倒れた。

祖父は、そのときまで母がお金のトラブルを抱えていることをまったく知らなかったと言った。そんなバカな、という話である。だって、毎日のように祖母や伯母がそのことで怒っていたのだ。

この祖父の発言を聞いて、祖父は、都合が悪いことからずっと逃げてきた人なんだろうなと、中学生の私はひそかに思ったのだった。

私は優しい祖父のことが大好きだったけれど、母にとっては頼りになる父親ではなかったのかもしれない。

この事件があって、みんなが怒って母と縁を切った。

母は家族の中でますます孤立した。そのころ、母のストレスは限界だったのだろう。なにも言わずに家を空け、私が連絡しても電話にもでないということが増えた。

ある日、同じように帰ってこない日が続いた3日目の明け方、まだ私が寝ているときに戻ってきた母は、私の部屋に入ってくると突然枕を蹴とばしてきた。

びっくりして私が飛び起き「どうして帰ってこなかったの?」と聞くと、母はひと言「あんたの顔を見たくなかったからよ」と吐き捨てた。

もう母と一緒に暮らすのは無理なのかもしれないと思いはじめたのもこのころだった。

母から逃れるために、早く大人になりたかった。

クソな父

高校2年生のとき、私は母と暮らしていた田端の家を離れ、父と暮らすことになった。いよいよ母の経済状況が悪化し、学費を払えないと言われたためである。

当時、私は中高一貫の私立高校に通っていた。「公立に転校してほしい」と、ある日突然、母が言った。驚いて言葉を失っている私に、母は畳みかけた。「お金ができたらまた私立に戻してあげるから、ね」

通っていたのはまずまず知られた進学校だった。美大を受験しようという目標もあった。いま転校してしまったら、きっと受験勉強についていけなくなる。

母の支離滅裂《しりめつれつ》な提案をのんでしまったら、進学もできず、仕事のあてもなく、私の人生お先真っ暗だと考えた。そこで私が意を決して頼ったのが、父だった。

それまで父とはほとんど話をしたことも会ったこともなかった。

私が赤ちゃんのころに家族で箱根に遊びに行ったときの写真をアルバムの中に見つけたけれど、なにも覚えていなかった。

中学生のころに一度、ファミレスで父と会ったこともあったが、どんな会話をしたのか思い出せない。母からこの人が自分の父親だと言われても、ぜんぜんピンと来なかったことだけは覚えている。

そして、母の話では、父から養育費はもらっていないということだった。

父親らしいことをいままでなにもしてこなかったのだから、この人に責任を取らせよう。私はそう考えた。

「ママに学費が払えないと言われている。大学にも行けそうにない」と電話口で話す私に、父は二つ返事で「高校の学費も払うし、大学に行きたいなら、その費用も払う」と言ってくれた。

当時、父の職場は千葉にあった。父の仕事先もそこまで離れておらず、私が通っていた都内の高校にも通学できる松戸に、父が部屋を借りてくれた。そこで一緒に暮らすことに決まった。

田端の家を出ていく日、迎えにきた父の前で、母が泣きわめいて暴れた。

私が父親に連れ去られると騒いで、警察まで呼んでしまった。

取り乱す母を見て、自分がとてもひどいことをしているような罪悪感に襲われた。でもほかに方法がなにもない。母を置いていくしかないのだ。

ちなみに私は、その日に突然「ママさようなら」と告げたわけではない。

高校の学費と大学受験の費用を出してもらうために父と暮らすということはすでに伝えていたし、引っ越しの日取りも母と相談して決めたのである。母も納得してその日を迎えたはずだった。なのに、この騒ぎだ。

暴れる母の姿を見たくなかった私は、さっさと父の車に乗り込んだ。そして「警察と勝手に話をさせておけばいいから、もう車出して」と父に言った。

車のエンジンをかけながら、父が「あ！」と発した。

「なに？　どうしたの？」と私が聞くと、「時計見て。3時33分だよ。なんかドラマみたいだね」と返ってきた。

「え、なに浸《ひた》ってんのこいつ、クソが」と思った。けれど、今後の生活に支障が出ないように、その言葉をぐっとこらえたあのときの私を褒《ほ》めてやりたい。

神様は私に冷たかった

父との暮らしは大きなトラブルもなかったし、久々に一緒に暮らすことを父が喜んでいるのもわかった。でも、私の心は休まらなかった。

端的に言って、この人をまったく信用していなかったからである。

なにか良からぬことが起きそうで、いつも気が抜けなかった。

そして、私の嫌な予感は的中した。

高校卒業間近のある日、父方の祖母、つまり父の母が脳梗塞で倒れた。そして、植物状態になってしまったのだ。祖父はそのときすでに他界していたから、父が祖母を引き取ることになったという。そして、私にこう言った。

「もう、ここでは一緒に暮らせない。学費も払えない。おばあちゃんのほうが大切だから」

読者のみなさんに聞きたい。最初の二文はなんとか理解できると思う。ここでは暮らせない。学費も払えない。

でも、最後の一文いる？　いらないよね？

なんなの？　バカなの？


かつて、賭け麻雀で2000万円の借金を負い、それを親に返してもらうようなダメ息子であり、幼い私と母をあっさり捨てたこの男は、やっぱりなにも変わっていなかったのだと思った。

かくして私は、また父に捨てられたのである。


さすがの父も、高校卒業まではその松戸のマンションに住めるようにしてくれた。でも、やっぱり段取りが悪いというか、詰めが甘いというか……腹立たしいことに、卒業式より10日ほど早くガスを止め、さらに洗濯機を持っていきやがった。

だから私は、卒業式までの数日、コンビニ弁当を食べ、風呂場で下着や靴下を洗い、銭湯へ通うはめになった。

当時、私には、ひとつ年上の彼氏がいた。

実家暮らしで、心おきなく親にわがままを言え、2人の姉からも可愛がられていた彼は、千葉の私の家まで食事を持ってきてくれたりして、ずいぶん助けてくれた。そして彼は、風呂場で下着を洗う女子高生の私を眺めて、まるでドラマみたいにこう言った。

「神様は、ゆかに冷たすぎるよ」

このときの彼の泣きそうな顔を、いまでも思い出すことができる。

そして、誰に向けてでもなく、やはり「クソが」と思ったことも。

絶対に信用してはいけない言葉

「お金なんてたいしたことじゃない」とか「お金より大事なものがある」とか言う人の言葉を私は信用していない。なぜなら、そんなことを言う人にかぎって、お金のことで人に嫌な思いをさせるからだ。

松戸で一緒に住んでいたころ、父が買い物に誘ってくれたことがあった。「なんでも買ってあげる」と父は私に言った。

女子高生だった私は、おしゃれにも興味があったし、欲しいものもたくさんあった。だから、父がそう言ってくれたことがすごく嬉しくて舞い上がった。「お金のことは気にしないで」と父は言った。それで、少し調子に乗ってしまったんだと思う。

数万円するニットと、スカートとブーツを買ってもらった。

お店の人に「娘さんと買い物だなんて素敵なお父さんですね」なんて言われて、父もまんざらでもなさそうだった。会計のときもニコニコしていた。

でも、帰り道、父は急に不機嫌になり、「あんなに買うことないだろ」と文句を言ってきた。そして「なんでも買ってあげると言ったからって節操がない」とか「わがままだ」とかなんとか説教された。

はしゃいでいた気持ちに水をぶっかけられたようだった。

それまで、極力父と関わらないよう、つかず離れず、必要最低限の会話しかしてこなかったこともあって、父に怒られるのは、それがほとんど初めてだった。だからなおさら傷ついた。

「なんでも買っていい」というのは父の本心ではなかったということなのだろう。そして、いったいいくらの出費なら父は怒らなかったのか、いまでも私にはそれがわからない。「いくらまでならいいよ」と言ってもらえたら、私はその中で自分が欲しいものを買ってもらったに違いない。空気を読めなかった私が悪いのだろうか……？

「お金のことは気にしなくていいから」という言葉を、これからは絶対に信用しないと誓った出来事だった。

自分の生活は自分で潤す

ひろゆき君といると「ゆかさん、なんで働いてるの？」と、人からよく言われる。

みんな、ひろゆき君がお金持ちだから働かなくても生活できるでしょう？　と言いたいのだと思う。

それから、こんなこともよく言われる。

たとえば、雑誌で、素敵なネックレスを見つけたとする。私は「わあ、かわいい～」と言いながら値段を見る。「80万」と書いてある。「うーん、80万円もするならいらないかなあ」と正直な感想を言うと、「なんで？　ひろゆきさんに買ってもらえばいいじゃない」と言われる。そのたびに、不思議な気持ちになる。

自分の身の丈に合わない高価なものを、私は欲しいと思ったことがないからだ。

住居代、光熱費や旅行費用などは、いまはひろゆき君が払っている。食費はそれぞれがスーパーに行ったときに各自で支払い、一緒に行ったときは彼が払ってくれる。下着や靴下、部屋着などの消耗品系の衣類は、私が定期的にまとめて買う。そして化粧品とか服とか、私が自分で使うものは、自分で買うというのが、いまの西村家のお金の分担になっている。

こういう分担にしようとひざを突き合わせて彼と相談したわけではなかったけれど、私が結婚しても仕事を続けたことによって、自然とこういう生活になったという感じだ。

私の母は、自分の生活を、自分でやりくりしようという考えがほんとうにない人だった。

職を転々とし、なんの仕事をしているのかもよくわからなかった。

恋人ができても、その人のお金をむしりとるようなことばかりやっていた。

私が19歳のとき、母には同棲していた恋人がいて、家賃や光熱費・水道代も払ってもらっていた。欲しい服やバッグ、アクセサリーがあれば母はその人にねだっていたし、さらにその人は、母に月々5万円の生活費を渡してくれていた。それなのに母は、「あの人は私に5万円しかくれないのよ」と文句を言っていて、いったい、どう生きてきたらそういう考えになるのか、理解に苦しんだ。

母は、親きょうだい、そして、恋人や友人などから次々にお金を借りた。人の同情を引いたり、言いくるめたりするのはうまかった。

そういう母の性質に、物心ついたときに私は気づいていたのだと思う。

母みたいな生き方が情けなくて嫌だった。

嫌だと思いながらも、次から次に変わる母の恋人には、私はお行儀よく接するしかなかった。その人たちが、母に金銭を渡していて、それが私の習い事や欲しいものの費用に充てられていることもなんとなく知っていたから。

いつも思っていた。早く、この人をもらってください。そしたら、母は幸せになれるのにと。

そういう母と暮らしていたから、経済的に人に依存することが怖いことだと私はずっと思って生きてきたのだと思う。

自分が欲しいものをひろゆき君に「買ってくれ」とお願いするのは、いまでも少し苦手だったりする。

ひろゆき君は、配信でこんなことを言っていた。

「もし僕が死んだら、僕の彼女というか、妻というか、細君が、財産を全部持っていくんでしょうね」

私は、そんなことになったら困るなあと心底から思っている。自分のお金なんだから、自分の好きなように使ってほしいし、かりに私に使ってくれるとしても、私が勝手に使うんじゃなくて、あくまでひろゆき君の意思で使ってほしい。要は、私より長生きすればいいんだと思う。なにより、いくらお金が残ったって、死んじゃったらさみしいでしょ。

それにひろゆき君にどれだけ財産があるのかまったく知らないけれど、大金を受け取ったとしても私は、うまく管理できない自信がある。たぶん、どっかの銀行に預けっぱなしにして終わりだろう。

でも、なんだかんだ妄想しても女性のほうが平均寿命の長い昨今、このボンクラな私に財産を相続させることがひろゆき君の望みなら、そのときは仕方がないと腹を括《くく》ろう。その道のプロ集団を雇って、しっかり相続してやろう。もちろん、児童養護施設にパソコンを寄付するプロジェクトも引き継ごうじゃないか。

譲り合いが平穏をもたらす

「誰の家だと思ってるんだ。気に入らないなら出ていけ」

世のモラハラ夫たちが言いそうなセリフだけれど、ひろゆき君も、私に似たようなことを言ったことがあった。

同棲をはじめたばかりのころ、洗い物のやり方かなにかで口論になり、そんなことを言われた記憶がある。

「ここは僕の家だ。気に入らないなら出ていけば?」

そう言われて、一瞬、カッとなって出ていこうとしたけれど、思いとどまった。

こんなことでいちいち怒っていたら、この先、彼とは一緒に暮らせないと思ったからだ。

そして、ひろゆき君に伝えた。

「家の持ち主が全部決めるの？　なにを食べるかも？　いつ寝るかも？　そんな考え方なら誰とも一緒には暮らせないよ。ひろゆき君は、ひとりで生きていきたいの？」

それもそうだとひろゆき君も納得したのだろうか。

それ以後は、意見が合わなかったときに、「家の持ち主が自分である」という言い分で、私を押し伏せようとはしなくなった。

ちなみに、2人で暮らしはじめてからずっと、私は家賃を払ったことがない。

フリーランスとして仕事をはじめたばかりのころ、私の収入は不安定だった。それで「家賃のことは気にしないで」と言ってくれたひろゆき君の言葉に甘えたのだ。

でも、仕事が軌道に乗り、生活に余裕が出てきたときに、こう訊《たず》ねた。

「ずっと払ってもらうのは申し訳ないから、私も家賃を払おうか？」

すると、ひろゆき君が言った。

「君が家賃を払うと、この家に関する決定について君に拒否権が発生するから面倒くさい」

ん？　拒否権ってどういうこと？

つまり、家賃を払っていないと、ひろゆき君が決めたことについて、私はなにも拒否できないということ？　は？　ふざけん……

思わず、怒りの言葉を口にしそうになったけれど、思いとどまった。

待てよ？

家賃を払わなくていいという言質《げんち》が取れたのはおいしいではないか。

そもそも、彼の言う「拒否権」が、どういう状況のことを指すのかよくわからない。

そこで私はある実験をすることにした。

彼が嫌がりそうなものをこの家に置いたら、彼はどうするのか見てみようと思ったのだ。その拒否権とやらを発動させて、撤去させるのか。

私はめちゃくちゃかわいい、私好みの鳥の置物を買ってきて、玄関に置いてみた。

ひろゆき君なら、絶対に自分で買わないような代物だ。

「これどうしたの？」と、彼が言った。

「かわいいから買ったの」と私は答えた。

「ふーん」

それで終わりだった。

拒否権は発動されなかった。

一緒に暮らしていると、意見が食い違うことなど無数にある。それを、なんとなく譲り合って成り立つのが、暮らしというものなのだ。

そしておそらく、平穏で幸せな日々の暮らしは、拒否権や所有権なんかよりもずっと価値がある。なぜならそれは、お金では買えないものだから。

結局、ひろゆき君が拒否権を行使し、私がなにかを強制的にやめさせられるようなことは、それ以降もなかった。

ちなみに、日本の法律には、時効取得というものがあるらしい。
20年間住み続ければ、その住居の所有権が得られるという法律だ。
今年で、ひろゆき君と暮らしてちょうど20年。
ひろゆき君の暮らしの中に住み着いた私は、ついに所有権を手に入れたことになるのだろうか。

お金を使うのが大嫌いだとお金が貯まる

ひろゆき君はお金を使うのが大嫌いだ。

出かけるときは、水筒に飲み物を入れていくし、タクシーじゃなくて公共交通機関を使う。

引っ越しのときも業者を使わず、自分で運ぶ。

ひろゆき君以上に、お金を使わない人に、私はほとんど会ったことがない。

そして、ポイントを貯めたりするのも大好きだ。

私はひろゆき君をよく散歩に誘うのだけれど、いつもしぶしぶついてくるという感じだった。

ところが、歩くだけで、お店のクーポンがもらえたり、ポイントが貯まったりする「散歩アプリ」をスマホに入れてからは、ひろゆき君のほうから積極的に散歩に誘ってくるようになった。

でも、同じ道を歩くとクーポンがもらえないし、ポイントも貯まらないからと、私が歩きたい方向にはぜんぜん行ってくれず、散歩アプリが示す「お得」な道をどんどん行ってしまう。

これって、私と散歩してるんじゃなくて、アプリと散歩してるんじゃない？　と思う。


ひろゆき君がなぜ、お金持ちなのにお金を使いたくないのか不思議だったけれど、最近は、こういう人だからこそお金持ちになったんだなと思う。

程度にもよるけれど、節約家のほうが、長期的には良い夫であることのほうが多いと思う。とんでもない金額の借金を作り、家族を崩壊させた両親を持つ私が言うのだから、たぶん間違いない。

そして、お金持ちと結婚したいという人にこれだけは言いたい。

豪遊したいなら、お金持ちかどうかじゃなくて、お金を使うのが好きな人と結婚したほうがいいですよ。お金持ちがみんなお金を使いたいわけではないんです。

揉め事のほとんどの原因はお金

2014年、ひろゆき君が掲示板サイト「2ちゃんねる」の運営から突然締《し》め出されるという事件が起きた。通称「2ちゃんねる乗っ取り事件」だ。

この事件が起きたとき、2ちゃんねるの運営に、誰がどんなふうに関わっていたのか、私はまったく知らなかった。知らなかったのに、なぜか思いっきり巻き込まれた。

この「乗っ取り」が起きた直後、ひろゆき君のことをよく思っていなかった2ちゃんねるのユーザーは、その混乱に乗じて、もっとひろゆき君を困らせてやろうと考えたようだ。

「この女がひろゆきの彼女なんじゃないか」と、私の個人的なツイートや、インスタグラムのURLを貼りつけたり、顔写真でくだらないコラ画像を作って晒《さら》された。

当時、私のＳＮＳのフォロワーは３００人もいないくらいだったから、私はなんの警戒もせず、自分の顔写真を載せてしまっていた。友達の赤ちゃんを抱っこしている写真なんかも載せていたから「これがひろゆきの隠し子だ」と拡散されてしまった。

私の実家も特定された。米屋を営んでいた祖父母が氏名や住所を電話帳に載せていたからだ。おそらくはそこから、私の通った学校名も知られてしまった。

いわゆる「特定班」と呼ばれる人たちの執念は恐ろしく、ついに、ひろゆき君と住んでいたマンションの現住所もばらされた。そして、玄関ドアの写真を撮られて投稿されるという事態が起きた。つまり、知らない誰かがドア一枚隔てて、私の目の前まで来ていたということである。怖すぎる。

そんなことが起こっても、ひろゆき君に慌てる様子はなかった。

「そういうことをする人の中に、ほんとうに危害を加えにくるような人はいないから」と相手にしなかった。けれど、私は身の危険を感じて、数日ホテルに避難することにしたのだった。

しかし、たしかに、ひろゆき君の言うとおり、それ以上のことはなにも起きなかったのである。

あんなに炎上しても実害は、ホテルの宿泊費だけなんだという拍子《ひょうし》抜けした気持ちと、でも、一歩間違えたらやっぱり命の危険があったんじゃないかという恐怖が半々の複雑な幕引きだった。

2ちゃんねるはもともと、ひろゆき君がひとりで立ち上げたサービスだった。そこに、自分たちが手伝うよと言ってくれるサーバー屋さんや、海外のホスティング会社の人が加わって、どんどん大きくなっていった。

昔は、その人たち全員が仲が良くて、毎年夏になると、北海道のニセコに私も一緒に遊びにいっていた。私たちの結婚式にも、その人たちは出席してくれた。

でも、お金の問題で揉《も》めはじめて、関係が壊れた。

私が知るかぎりでは、そのお金の問題というのは、妻がお金を使い過ぎたとか、愛人や子どもにお金がかかるとか、そういうすごく個人的な事情もあったようだ。だから、彼らはより多くのお金をひろゆき君に要求した。

もちろん、運営方針の違いもその揉め事に混ざっていたとは思うけれど、ただ単に「もっとお金が欲しかった」というすごく単純な欲求も、この事件にはふくまれているように感じた。

そんな個人的な理由のために、私は顔や住所を晒されたり、怖い思いをしなくちゃいけなかったりしたのかと思うと、なんだか余計に腹が立った。

そして、お金って、やっぱり人を狂わせるんだなあとしみじみ思った。

ひろゆき君は、若くしてお金持ちになったから、人一倍早く、そして長く、こういうお金と人の良くない部分を見てきたんだろうなと想像する。

お金はとても大事なんだけど、お金に判断力を狂わされないように生きていけたらと思う。

もしかしたらひろゆき君は、そのために、お金を使わないようにしているのかも。

ほんとうのところはわからないけど。

マネーリテラシーというか、図太さというか

お金で苦労した子ども時代を過ごすとどうなるか。20代そこそこで、法律を使って、お金を取り返すほど図太くなる。

高校を卒業してすぐ、私はいくつもアルバイトを掛け持ちして、パソコンを買うためのお金を貯めた。そのアルバイトが忙しすぎて、当時付き合っていた彼氏とは会う時間が取れなくなり、そのせいで彼から浮気を疑われ、面倒になって自分から別れを告げた。

そのとき、私が貯めたのは60万円ほどだ。

仕事に使うためのものにはお金を惜しんではいけないと、先輩デザイナーたちから教えてもらったことを素直に受け止めて、ハイスペックのＭａｃを買おうと思ってが

んばった。

ところが、そのお金を貸してほしいと、母から懇願された。母が当時付き合っていた恋人のお店が潰《つぶ》れそうだからと、しつこく頼まれたのだ。必ず返すという母の言葉を、私は信じてしまった。


ちょうどそのころ、母と私の関係は少しだけ良好になっていたのだと思う。母がその恋人と暮らす泉岳寺のマンションにもよく遊びにいっていたし、そこにそのまま泊まることもあった。自分の服や化粧品も置いたままにして、いつでも行ける場所になっていた。

なんだかんだいって、私は母のそばにいたかったのかもしれない。

そして、母がいま落ち着いて生活してくれているのは、きっとその恋人のおかげだと思っていたから、私は母の申し出を断ることができなかった。

ところが、その恋人はいつになってもお金を返そうとしない。

返してくださいと、その人にちょっと強めに直談判したところ、そんなことを言うならこの部屋を出ていけと言って、置いたままにしていた荷物を投げつけられた。そして、腕に軽い怪我をした。

荷物をつかんで、部屋を飛び出すと、私はそのまま無料の法律相談所へ向かった。

さっき起きた出来事の一部始終を話し「訴訟したいんですけど！」と言った。

法律家のおじさんたちは「子どもが親のお金を返してくれないっていう相談はあるけどね、逆パターンは初めて聞いたよ」なんてどうでもいい感想を私に言ってきた。

「いいから早くお金を取り返す方法を教えてくれ！　おまえら30分しか無料じゃないんだろ？」と心の中で叫びながら、法律おじさんが伝授してくれたお金を取り返す方法を頭に叩き込んだ。

まずは、内容証明というものを郵送で送ること。そこに、何月何日までに返さなかったら法的手続きに入りますと書くことを教えてもらって、そのとおりにした。

そういうやりとりを何度か経て、ようやくお金を取り返すことができた。

戻ってきたお金で、私はやっとＭａｃを買えた。

それほど（無駄に）苦労して買ったＭａｃだったから、思い入れが強すぎて、ずいぶん長く使い続けた。

液晶画面に変な筋が出ても、あと1本筋が出たら買い替えよう……と粘って使うほどだった。

　2ちゃんねる乗っ取り事件が起きたとき、自分の顔写真でエロコラされることよりむかついたのは「ひろゆきの彼女が会社の金を使い込んでいる」というデマだった。

「いやいや、その彼女は、お金を使い込むどころか、筋の出てるＭａｃを後生《ごしょう》大事に使ってますけどね！」と言い返したかったけど、やめておいた。

お金の無心を断ってわかったこと

長い間、私は母からお金の無心をされると断れずにいた。そして、母にお金をむしり取られることが、最大のストレスだった。

そんな日常に終止符を打つきっかけになったのは、やっぱり、ひろゆき君の存在だったと思う。

相変わらず母にお金を要求されることに疲れ果て、ありのままをひろゆき君に話した。

ひろゆき君は理路整然と「別に貸したくないなら、貸さなくていいんだよ」と言った。

そのときに私は初めて、自分には「貸さない」という選択肢があることに気づいた。それまでは、母の求めに応じるしかないと思っていたのだ。

「母親のことを信じたい気持ちがあるから断るのはつらい」と、私は答えた。

それでもひろゆき君は**「最初から返ってこないっていうふうに割り切った気持ちで貸してるんだったら、僕はなにも言わないんだけど。君が裏切られたと思ったり、がっかりしたりするなら貸さないほうがいい」**と言った。

しばらくすると、母は「ひろゆき君にお金を借りてもらえないか」と頼んでくるようになった。それだけはどうしても嫌だと言っても、母は要求をやめてくれなかった。もう無理だと私は悟った。

ひろゆき君のことは巻き込みたくなかった。

だから、私が、母から離れるしかないと思った。それで、私は母に「もうお金は貸さない」ときっぱり言い渡した。

その後、母は生活保護を受け、ギャンブルとも縁を切れたようだったから、結果的に、それが正しい選択であったことがいまはわかる。

母への断ち切れない情はあったけれど、だからといって、母のお金の問題を背負うのは、私の役目ではないということに、私はやっと気づけたのだ。

生きているだけでいい

父には捨てられ（赤ちゃんのときと、高校生のときの2回）、母にはお金のことでずっと振り回されて生きてきた。

だから私は、血のつながりというものをあんまり信用していない。

ほとんど機能していなかった母親の代わりに、祖母や伯母、みんなが協力して私を育ててくれた。そのことにはすごく感謝しているけれど、私に関わってくれる大人からかけられる期待は、子どものころの私には重かった。

大人から与えられる愛情の対価として、私は自分を押し殺し、いい子でいることを要求されているように感じていた。

それでも、私には理解者がいた。

私が一応、まっとうな大人になれたのは母の義兄、すなわち伯父の存在がすごく大きい。

伯母はよく、私の習い事にいくらかかっているとか、学校に行かせるためにいくら負担した、というようなことを私に言って聞かせたのだけれど、実際にそのお金の多くを出してくれていたのは商社に勤めていたその伯父だった。

伯父は私に、支援の代償としてなにかを要求することは一度もなかった。母や父から学費がないと言われ、大学受験をあきらめたときも、伯父が学費を出してくれると言ってくれた。

「大学に行かなくても、ちゃんと就職できるような方法を探す」と言う私に、「就職するためだけに大学に行くんじゃないんだよ。大学生という4年間で、勉強したり、友達と遊んだりしながら、将来どんな道に進みたいのか、どんなことが好きなのかを考える時間をゆかにあげたいんだ」と伯父は言った。

「そこまでしてもらうのは悪い」と私が言うと、伯父はこう言った。

「ゆかは、いてくれるだけでいいんだよ」

母も、父も、祖母も、伯母も、血のつながりのある人が誰も言ってくれなかったそのひと言を、いちばんつながりが遠いはずの伯父が言ってくれたのだ。

借金を負って、お金の意味を知った

お金についての才能が自分にはまったくないと痛感した出来事がある。

社会人になったばかりのころ、200万円ほどの借金を作ってしまったのだ。

前の章で述べたとおり、その時期の私は、ひどい摂食障害だった。

食べて吐くために毎回5000円~6000円くらいの買い物を1日に何度もしてしまう。そこに仕事のストレスが加わり、服や靴の衝動買いもたくさんしてしまっていた。すべて、消費者金融のキャッシングだった。

自分は借金なんかするもんかと思っていたはずだった。それなのに、気づいたときには、自分ではどうすることもできなくなっていた。ものすごく落ち込んだ。落ち込んでいるときに、相談に乗ってもらったのが、前項で紹介した伯父だった。

伯父は、1日も早く返しなさいと言って、返済のためのお金をすぐに出してくれると言ってくれた。そのときに私は「じつは、会社の持ち株制度や投資信託で200万円ほど貯蓄があるからそれを解約すれば返せるんだ」と話した。

よくよく考えてみれば、私は200万円の貯金をしながら、200万円の借金をするというすごく矛盾したことをしていた。要するに、お金の使い方をなにもわかっていないバカな若者だったということである。

そんなバカな私に、伯父は「貯金してあるお金は、大事なお金だから使ってはいけない」とも言ってくれた。そして、祖母から50万円、伯父から150万円借りる形で、私はその200万円を一括返済した。

それから、祖母と伯父に毎月10万円くらいずつ返済した。

2年ほどかけて全額返し終えたとき、祖母が頭を撫《な》でてくれた。

「ゆかちゃん、よくやった。偉いよ、おばあちゃん撫でてあげる」

頭をなでてくれた祖母の手が、いつの間にかずいぶん小さくなっていて、指も細くて、そのときにあらためて、なんて自分はバカなことをしていたんだろうと思った。

祖母は、私が母と同じようになってしまうと思ってずいぶん心配していたのだと思う。まるで自分に言い聞かせるかのように「ゆかは、ちゃんと返した」と何度も言った。

そのとき、祖母がずっと、母の借金問題という重荷を背負ってきたということに気づかされた。孫の私が母と同じようなことをしていちばん傷ついたのは祖母だったのだと思う。

それでも、私のことを見捨てずに信じて見守ってくれたということがありがたかった。

できればしたくなかった経験だったけれど、この経験があったからこそ、伯父や祖母が私を信頼してくれているということに気づくことができたのかもしれない。

2人は、迷惑をかけても私を許してくれた。そんな伯父や祖母のおかげで、私はお金の持つ「信用」の意味を知ったのだと思う。

お金には自分を信じてくれる人の思いが詰まっている。

第 3 章

仕事と夢

人間なんて、ほんとに弱いものだということを
自覚しておいたほうがいい。
だからって自分の弱さに甘えないこと。

瀬戸内寂聴

生きる道の決め方

「夢は大きく」とか「可能性は無限大」と大人は子どもに言う。でも私にとっては、夢よりも、目の前の現実をしっかり見ることのほうが、生きるのに役立った。

高校の卒業式で先生が「みなさんは、これから自分のことは自分で決めねばなりません」と力強く言った。「自分のことを自分で決めていい」というのは、親に振り回されてきた私にとってはただただ希望だった。「自己責任、上等!」と思った。

私は子どものころから、ものを作る仕事になんとなく憧《あこが》れていた。小学生のころはファッションデザイナーになりたいと思っていた。そして中高生のとき、広告やポスターを作るグラフィックデザイナーという仕事があることを知った。グラフィックデザイナーになるためには、美大に行くのがよさそうだとわかると、美大受験を目指すようになった。けれどすでに述べたように、美大受験は、ある日突然「学費が払えない」と親から言われてあきらめることになった。

「なにがなんでも大学に行かせてほしい」と私が周りの人にお願いしていたら、美大に進学することもできたかもしれない。親戚も友人のご両親も、私のために学費を出すと言ってくれたからだ。けれど私は、その申し出を断った。

誰かに頼ることにもはやうんざりしていたのかもしれない。親には頼っても裏切られた。親戚には頼ったことと引き換えに過剰な干渉をされた。誰かの顔色をうかがいながら生きていくのがもう嫌だった。

そして、美大受験をしなかったのには、すごく現実的な理由もある。

前にも書いたけれど、当時、私には6歳年上の彼氏がいた。彼は美大を卒業してデザイン事務所で働いていた。彼の影響で、デザイン系の雑誌を読んだり、デザイン業界で働いている人を紹介してもらったりしているうちに、デザイン業界には、大学に行かなくても活躍している人がたくさんいるのだと知ることができた。

「大学卒業」という学歴がなくても、デザインの世界なら生きていけるのではないかと思った。

高校卒業後、自分で稼いで生きていく方法を、私はゼロから探さねばならなかったが、親の気まぐれに振り回されるよりは断然よかった。

自分で決めたやり方で、コツコツ進んでいく日々が楽しかった。無計画な親をずっと見てきたからだろう。私は、計画的に物事を進めるのが好きなのだと思う。そのほうが安心できるから。

受験はあきらめたけれど、高校在学中からすでに次の手は打っていた。美大専門の予備校が無料で提供していた講習に熱心に通い、そこで、イラストレーターやフォトショップといった、基本的なデザインソフトの使い方を覚えた。デザインソフトが使えるようになると、デザイン事務所のアルバイトに採用してもらえるようになった。デザイン事務所のアルバイトで、デザイナーに必要な仕事道具やその使い方を教わった。およそ60万円あれば、デザイン作業をこなせるスペックのパソコンを買えることもわかった。

目標金額を60万円とし、半年で達成する計画を立てた。アルバイトを掛け持ちし、月に15万円の収入を得た。5万円を生活費、10万円を貯金に回す。あとは計画どおりにコツコツ働けばよかった（この60万円を母の恋人に貸してしまい、計画が破綻しそうになったことは第2章に書いたとおり。私の計画をぶち壊すのはいつも母だった）。パソコンを購入したあとは、アルバイトをしながら、独学でデザインを勉強するという生活を2年くらい続けた。そして、21歳のとき、偶然、デザイン業界への道が開けたのである。

当時、インターネットのインフラや、ドメイン、プロバイダー事業を手掛けていたインターキュー（現・GMOインターネットグループ）が、カスタマーセンターの求人を出しており、そこに応募した。そのころウェブデザインという仕事が注目されつつあり、インターネット業界に飛び込めば、デザイナーとしての道が開けるかもしれないと思ったからだ。

面接では、私の過去のアルバイト歴を見て、デザイン事務所で働いてきた理由を聞かれた。それで、デザインの仕事に興味があること、デザイナーを目指して独学で勉強してきたことを話した。すると、デザイン部門でも人を探しているからと、採用担当の方がその責任者につないでくれたのである。

いま思い出すと、このときの強気な態度がどこから湧《わ》いてきたのか不思議なのだが、私はそのデザイン部門の責任者のまえでこんな啖呵《たんか》を切った。

「デザインの仕事は未経験なので、この場でお見せできるような実績も作品もありません。でも、やる気だけはあります。御社が判断に迷う材料はないはずなので、ダメならこの場でダメと言ってください。ほかの仕事を探さないといけないので」

すると、驚いたことに、採用になった。

よくそんな若いだけの素人を採用してくれたものだと思うが、「おもしろいやつだなぁ」と思ってくれたらしいことを、当時の上司からあとで聞いた。未経験の自分を採用し、チャンスを与えてくれた上司には感謝しかない。

「信じていれば夢はいつか叶う」などとは思わない。けれど、これだけは言える。お金がないとか、大人のサポートがないとか、知識や経験がないとか、それだけで、夢をあきらめる必要はぜんぜんないということだ。

大事なのは、自分でしっかり現実的な計画を立てること。自分のペースでいいから、自分が決めた方法で前に進んでいくこと。ある本に、こんなことが書いてあった。

ベトナム戦争のとき、いちど捕虜になりそこから生還できた人には、ひとつの共通点があったそうだ。それは現実主義者だということ。目の前の厳しい現実を見すえて、それでも生きるのだと決意した人が実際に生き延びられたのだという。

難しい環境を生き抜くために必要なのは、夢や理想ではない。現実的な目標なのだと思う。

嫌なことはしない、無理もしない

学歴もお金もない私が、人生で選ぶことのできたものは、つねに限られていた。だからこそ、限られた選択肢の中から、できるだけ自分に合うものを選んだり、やりたくないことはしないと決めておいたりすることが、生きていくためにはけっこう大事なのではないかと思っている。

高校卒業後の私は、いくつもアルバイトをして生活費を稼いだ。とにかく稼げるアルバイトを探していたから、水商売の面接にも行ってみた。けれど、お店で働いている人のメイクの濃さと、履いているハイヒールの高さに驚いた。「私には向いていない」と悟って、そのアルバイトは辞退した。

体力的にはきつかったけれど、いつも2つ以上のバイトを掛け持ちしていた。1日12時間、週に6日は働くような生活を送っていたと思う。1袋5個入りの安いパンと、バイト先で飲み放題だったコーヒーでお腹を満たして食費を削ったりもした。

なぜ、そんなにがんばれるのか？　と友達に聞かれたことがある。

たしかに、がんばってはいたけれど、つらくはなかった。

友達とも遊びにいったし、好きなブランドの服も、好きなアーティストのレコードも買った。日々を楽しむためのお金はちゃんと使っていたのである。


お金を貯めるにしても嫌なことはしない、無理なことはしない。夢を叶えるためにそれは大事なポイントなのかなと思う。**「つらいことに耐えていれば、いつかはチャンスが巡ってくる」というのは、無責任な励ましだと私は思う。**

夢を叶えるには、すごく長い時間がかかるのだ。その時間、つらいことにずっと耐えているだけだと、夢を叶える前に自分が潰《つぶ》れてしまう。

18歳の私は、デザイナーへの道のりは遠いとわかっていた。だからこそ、自分にできることから着実にやり、長い目で考えることを学んだ。夢を叶えるために必要なのは、持続可能な方法。すなわち、自分を苦しめなくていい方法、我慢しなくていい方法だといまでも私は思っている。遠くの夢であればあるほど、自分を見失わないよう慎重に、じりじりと、夢との距離を縮めていくのがいいのだ。

高卒コンプレックス

デザイン業界で働くことは、私の夢だった。

ウェブデザイン部門のアシスタントとしてインターキューに採用してもらえたことはほんとうに幸運としか言いようがない。高卒にもかかわらず、正社員にしてもらうこともできた。

ウェブデザインの仕事を1から教えてもらい、数年後には、私ひとりに仕事を任せてもらえるようにもなった。

けれど、正社員になってからもずっと、高卒の私を拾ってもらって申し訳ないという気持ちがどこか消えなかった。大卒の人や、自分より才能がある人たちを見ると、いつもコンプレックスを感じてしまった。

仕事を褒《ほ》められても素直には喜べず、逆に、ちょっとしたミスでも、この世の終わりかのように落ち込んだ。私のミスを上司や先輩がフォローしてくれたときに「すみません」と言いすぎて「そんなに謝る必要はない」と注意されたこともある。

思えば、子どものころから、困ったときに親から助けてもらったり、解決方法を教えてもらったりした経験がほとんどなかったから、人に上手に頼る方法や、「社会では助け合うことが当たり前」というルールを知らなかったのだと思う。

人の親切というか、仕事をするうえでは当たり前のフォローにさえもトゥーマッチな反応を繰り返していたため、職場での私はとにかく疲れていた。

疲れのせいで免疫力が下がっていたのか、あるとき目の上に巨大なイボができた。職場からすぐ近くの眼科に行くと、炎症を起こしているからすぐに手術が必要だと言われた。それでも私は「しばらく仕事を休めないのですが、いつまで放置して大丈夫ですか？」とバカなことを医師に聞いたりした。

結局、別の日に手術をしたのだけれど、手術を終えた足でそのまま職場に行って仕事をした。

片目が腫《は》れ上がり、縫合した手術糸をゆらゆらさせたまま作業する私に「どうしたの？」と上司が驚いて聞いてきたので「いま手術してきたんです」と答えた。

「え！　仕事して大丈夫なの？」という質問に、麻酔でぼーっとした頭ではうまく答えられず、へらへら笑って受け流した。でもしばらくして、麻酔が切れて座っていられないほどの激痛を感じ「すみません、早退させてください」と言った。「そりゃそうだろ」という無言の突っ込みが社内にあふれていた。

デザイナーの仕事は、最初はすごく楽しかった。でも、次第に結果を出すことが重圧に変わっていった。褒められても認められても、私は自分のことを「もっとがんばれ」と追い詰めた。気づくと、仕事をあんまり楽しめなくなっていた。

振り返ってみると、このころの私は、高校生のときに伯母に言われたことをずっと気にしていたのだと思う。

高校卒業時、「大学へは行かない」と決めた私に、伯母はこう言い放った。「そう。じゃあ、あなたの人生はここで終わりね。私たちももう助けないから、それぞれの道を行きましょう」

私が学費の支援を断ったことによっぽど腹を立てたのだと思うが、18歳の少女には強烈すぎる伯母からの「呪いの言葉」だった。

社会人になってもその言葉を引きずっていた私は、仕事でほかのデザイナーが抜擢されたりすると「やっぱり大学へ行っていないからダメなんだ」と考えてしまったりした。

そして、5年ほど働いたのち「もっと大きな会社に勤めれば伯母を見返せるのではないか」と考えて転職した。

その転職が大きな間違いだったことは、すでに書いたとおりだ。大企業という環境が合わず、ストレスで眠れなくなったり、被害妄想の症状が出はじめたりした。中学生のころから抱えていた摂食障害もどんどんひどくなっていった。

「大卒じゃないんだからもっと勉強しろ」「才能がないんだから人より働け」などと、私を追い詰めていたのは、じつは私自身だったのだ。

フリーランスという働き方

勝手にとらわれていた焦り以外の部分では、仕事も人間関係も申し分なかったGMOから転職した先での仕事は、自分にはぜんぜん合わなかった。合わないとわかってからも、まさかすぐに戻るわけにもいかないし、ほかに転職したい会社もすぐには思い浮かばない。私はその仕事を必死で続けていた。そんな私に、ひろゆき君がこう言った。

「フリーランスになればいいのに」

いまでこそ会社員以外の自由な働き方を選ぶ人が増えているけれど、フリーランスのウェブデザイナーというのは、当時、そこまでメジャーな選択肢ではなかったと思う。

それに、私にとっては、やっと手に入れた上場企業の会社員という安定したポジション。しがみつかないと生きていけないとまで思っていた。

20代ですでに働かなくても生きていけるほどの財産を築いていたひろゆき君とはわけが違うのだ。だから「それいいね」とはちっとも思えなかった。そりゃあ、あなたはいいよね、と思った。

「いままでは会社の名前があったから仕事がもらえたの。無名のデザイナーが、いきなりフリーになって仕事なんかもらえるわけないでしょ」と私は言い返した。でも、ひろゆき君は続けた。

「君と仕事をしている人って、君がその会社の人だから頼んでるの？　君と仕事がしたいって人はひとりもいないの？」

そんなこと、考えたこともなかった。ひろゆき君はさらに言った。

「いま、仕事を辞めて、どれくらいの期間なら生活を続けられる？」

ちなみに、こういうときに「僕が養うから心配するな」などという、王子様的なことをひろゆき君は絶対言わない。その代わりに、私の決断に必要な材料を探すのを手伝ってくれるのだ。

私は計算してみた。

必死で働いてきたぶん、貯金だけはそれなりにあった。

たぶん半年くらいは余裕で生活できそうだと答えた。

「半年もあればもっといい転職先が見つかるかもしれないし、フリーランスでやってみてぜんぜんダメだったらまた会社員に戻る方法もあるんじゃない？　失業手当や、いざとなったら生活保護もあるわけだし」

なるほど。そういう考え方もあるかと思った。

ひろゆき君のこのひと言がきっかけで、私は会社を辞めて、フリーランスのウェブデザイナーとして独立してみることにした。


仕事のストレスがなくなると、摂食障害の治療が驚くほど順調に進んだ。

10年以上も付き合ってきた病気だったのに、通院から2年という短い期間で回復できたのは、働き方を変えるという思い切った決断を、このときにできたからだと思う。

同じ時期に会社を辞め、独立した仲間が仕事を依頼してくれたのもラッキーだった。

フリーになっても、仕事が暇な時期こそあったものの、まったく仕事がなくて生活できないということはなかった。

ひろゆき君の言うとおり、私と仕事がしたいと思ってくれる人がちゃんといた。それがわかると、なんだか長年抱えてきた不安が消えていくような気がした。

それで、やっと、「がんばらないと死ぬ」という呪いから解放されたような気がした。

私は楽しんでいい。

自分の生き方も働き方も、自分で選んでいいと、はっきり実感できるようになったのは、フリーランスになったおかげだった。

ひろゆき君から自衛を学ぶ

フリーランスのウェブデザイナーになったばかりのころ、ひろゆき君が役員を務めていた会社の仕事を手伝ったことがあった。

「仕事を頼みたい」と声をかけてくれたのは、ひろゆき君に出会う前から知っていた人だった。その人がひろゆき君と同じ会社で働いていることを知ったとき、偶然に驚いたものだ。

でも、昔から知っている人だったからこそ、私も少し油断したのかもしれない。

その人に依頼された仕事をはじめてしばらくすると、事務所に呼び出された。会社の資金繰りがうまくいっていないので、私に支払うギャランティーを少し減額したいという話だった。

そのときの私は、ほかにも仕事があったし、減額されたら生きていけないという切羽詰まった状況でもなかった。それに、昔からの付き合いを大事にしたいと思ったから快諾した。

ところが、しばらくしてまた呼び出された。やっぱり経営がうまくいっていないから、さらに減額してほしいという話だった。

「いくらですか？」とたずねると、最初のギャランティーの半額を提示された。とても了解できるような金額じゃなかった。

「これはさすがに無理です。ほかのクライアントさんとも、こんな金額でお仕事したことなんてありませんから」と私がきっぱり言うと、

「ひろゆきから生活費もらってないの？」

「もしかして2人はうまくいっていないの？　困ったことがあるなら相談してね」

などと、ぜんぜん関係ない話に持っていこうとする。

「いやいや、それはこの話と関係ないですから」と私が反論すると、その人は私との契約を打ち切ると言ってきた。

そして、捨て台詞《ぜりふ》として「ひろゆきの彼女だからいいように使えると思っただけだ」とまで言いやがったのだ。

腹が立って悲しくて、家に戻ってからひろゆき君にこのことを話した。

ひろゆき君の話では、資金繰りがうまくいっていないというのは、その人の嘘だった。しかも、その人が、会社のお金を使い込んでいたらしい。

だから、正直に言うと、ひろゆき君が私のためになにか対処してくれるんじゃないかと思った。悪いことをしているのはそいつなのだから。

でも、そんな私の期待をよそに、ひろゆき君はこう言った。

「全部が口約束でしょ？　証拠がなにも残っていないから君を守れない」

いまなら、ひろゆき君の言うことは正論だと思えるのだけれど、そのときは、こんなに傷ついている私に、よくもまあそんなことが言えると思ってブチ切れたのを覚えている。

「この件で僕が口を出すと、役員の彼女が報酬のことで不満を言っている。役員が会社の経営に私情を挟んだと思われる」と、彼は冷静に私を諭してきた。

それで結局、私はなんの反撃もできず、契約を解除された。

守ってくれなかったひろゆき君にすごくがっかりしたし、裏切られたという思いが消えなくて、しばらく彼とは口も利かなかった。

でも、この一件から私は、ひろゆき君と生きていくためにすごく大事なことを学んだのだ。

「ひろゆきは、データがないと私を守らない」

そして、こうも考えた。今回みたいなことって、ほかの仕事でも起こり得るんじゃないかと。

口頭でそんな約束をしてしまった時点で私の負けだったのだ。

これは、フリーランスとして生きていくために大事な教訓だった。

そして、二度と同じミスは繰り返さないと心に誓った。

ちなみに、この話を誰かにすると「ひろゆきさんは大事なことをゆかさんに教えようとしたのですね。そんなひろゆきさんに、ゆかさんは感謝しているのですね」とか言ってくる人がいるけれど、それは絶対に違う。

いまでもこの一件を思い出すと、腹が立って「あのときなぜ助けなかったあああ」とひろゆき君につかみかかりそうな勢いである。でも、何事もすぐに忘れるのが特技の彼は、たぶんとっくに忘れているのでそんな無駄なことはしない。
でも、読者のみなさんがわかってくれたらうれしい。
ひろゆき君が教えてくれたんじゃないの。
私が自力で自衛を学んだだけなの。

数年後、私は、別の仕事で、別の人から同じ目に遭《あ》いそうになったが「口頭ではなくメールでお願いします」と速攻で返した。そして、契約満了まで無事に働いた。
さらに良かったのは、同じ目に遭いそうになっていた、若手のデザイナーを守ることもできたということだ。彼女もちゃんと次の仕事を見つけるまで、その会社で働くことができた。

なにが言いたかったかというと、ひろゆきはヒドイ……じゃなくて、人の善意につけ込むやばい奴はどこにでもいるということ。そのための自衛は怠ってはならないということです。

「ひろゆきの嫁」という仕事

「2ちゃんねる乗っ取り事件」の翌年の2015年、私たちはフランスに移住した。私たちが海外で暮らすことになったのは、ひろゆき君がいろんな人とトラブルを起こして日本に居られなくなったからだ、なんてネットに書かれることがあるけれど、それはちょっと時系列が違うと思っている。

ひろゆき君がメディアで、いろんな人と揉《も》めるようになったのは、フランスに来てからのほうがよっぽどひどいと思われる。そうなった理由は、街で突然殴られたり、誰かが家に押しかけてきたり、やばい物を家に送り付けられるといった物理攻撃の心配が減ったからだろう。

つまり彼は、フランスだからこそ、平気でトラブルを起こしていると思われます。現場からは以上です。

言論が自由すぎるひろゆき君のせいで私は、ネット上、主にX（旧Twitter）で、見ず知らずの人から、わけのわからないとばっちりを受けている。

「ひろゆきが間違ったことを言っているから、お前が教育しろ」とか「旦那さんのせいで傷つきました。謝罪してください」とか。

私はひろゆきくんのお母さんでも、上司でもない。

どうして世間では、夫の不始末の責任を、妻が負わねばならないと思うのだろう。

そう疑問に思いながらも、たいてい私は相手にせずにスルーしている。

でも、ときどき、返信をすべきだと思うクソリプが来る。だから返信をして、ぶちのめす。**ひろゆきの妻になって20年で学んだことは、クソリプは定期的につぶしていかねば、無限に増殖するということだった。**

何度か返信を続けると、たいてい当該ツイートが消されたりして、それ以上攻撃されなくなる。攻撃ならぬ「反撃は、最大の防御」ということである。

『だんな様はひろゆき』（朝日新聞出版）という本の出版を決めたときから、ひろゆき君の起こすトラブルに巻き込まれることを、少しは覚悟していた。

タイトルのとおり「ひろゆきの妻である」ということがキモの企画だったから、この本を出すということは、「あのひろゆきの妻」として世間に認知されるようになるということ。それまでは、フォロワー数なんかぜんぜん気にせず、気楽にＳＮＳを使っていたけれど、本を出す以上、私の発言も注目され、非難や攻撃をくらう可能性があるということは予想していた。

それでも、私がなにも関わっていないトラブルや、詳細も背景も知らないケンカにまで突然巻き込まれることになるとは思ってもいなかったけれど、それもまた仕方がないと思っている部分がある。

「ひろゆきの嫁」という肩書でメディアに登場することは、自分で選んだのだから。


とはいえ、あまりにもひどい罵詈雑言に疲れ、不貞寝《ふてね》をしていると、さすがになにかを感じ取った（感じ取ったからといってやめもしないのだが）ひろゆき君が、コーヒーを入れて持ってくるくらいの気づかいはするようになってきた。

ちなみに、ひろゆき君にどうしていつも炎上させるのかと質問してみたら、「炎上したことなんてない」という答えが返って来て白目になった。
「だって、取り返しのつかないことなんておいらなにもしてないでしょう？」と彼は言う。彼にとっての「取り返しのつかないこと」ってなんだろうと私は考え込む……。

ところで、女性は結婚すると「〇〇の嫁」とか「〇〇の奥さん」と呼ばれるようになる。そして、子どもが産まれると、今度はその呼び名が「〇〇ちゃんのママ」とか「〇〇くんのお母さん」に変わる。

自分は誰かの付属品で、自分自身の存在がなくなったみたいに感じている人がいると聞いた。その気持ちはいま、私もちょっと理解できる。

でも、肩書とか社会的立場でしか相手を見ない人はたしかに私の周りにもいるけれど、私自身を見てくれる人、私自身を大事にしてくれる人も、ちゃんといる。

誰と結婚しようが、どんな仕事に就こうが、一対一で付き合ってくれる人だけを大事にしようと私は思っている。そうすれば「自分の存在がなくなった」という不安は消えていく。

ちなみにわたしが「ゆか」というひらがな表記を使うようになったのは、本を出版するときに、タイトルの「ひろゆき」の字面に雰囲気を合わせたほうがデザイン上、しっくりくるように思ったからだ。

「〇〇の嫁」とか「〇〇のママ」というのを、自分のアイデンティティーとは切り離し、いわば、ただの仕事、あるいはただの任務として遂行する。

そんなイメージを持つと、妻やママと呼ばれることも、楽しくなってくるかもしれない。

言いたいことを、言いたいひろゆき

夫婦だからといって、ひろゆき君の考えを全部わかっているわけではもちろんないのだけれど、長年彼と暮らしてわかった確かなことがある。

それは、基本的に彼から「相手を怒らせてやろう」とか「相手を傷つけてやろう」といった悪意は感じないということだ。でも「おちょくってやろう」みたいな子どもじみたところは多分にある。だからたぶん、彼が世間に向けてなにか発信するときは誰かを攻撃するつもりはないし、世の中を良くしたいみたいな大義名分すらも実はあんまりないのではないかと思う。もちろん、その結果、世の中が良くなったら彼は喜んではいるだろうけど、そもそもの目的はそこじゃない。

要するに彼は「ただ自由に思ったことを言いたいだけ」だと、私は思っている。

問題は「ただ思ったことを言うだけでも傷つく人がいるから、成熟した大人は、言う前に言葉を選ぶ」という常識を彼が拒否していることだと思う。

「おいらは気にしないよ」

「おいらは嫌じゃないよ」

と、私もよく言われている。

そのたびに、その言い方、モラハラっぽいよと注意する。

彼がちょっとでも大人の常識を受け入れてくれれば、私もすごく楽になると思う。

みなさんからも彼が早く大人になるように言ってくれると助かります。


でも一方で、「思ったことを言う」というスタイルがプラスに働くこともある。

良くも悪くも、空気を読まない発言が、視聴者や他の出演者を刺激して、結果として議論が活発になり話題になりやすいという傾向が、メディアやSNSという場にはある。

どんなときでも、真摯に、無駄に対立することなく建設的に議論が重ねられればそれが理想だと思うけれど、いかんせん、人間というのはおもしろくないと関心を持たない生き物だったりもする。

私個人で言えば、子どものころに、親や周りの大人に「助けてほしい」とか「つらい」とか、「それは嫌だ」とか、自分の思っていることをちゃんと言わなかったから、摂食障害にまでなった。言いたいことを言っていいということは、ひろゆき君の生き方に教えてもらった部分もある。

声に出せば、たとえすぐには届かなくとも、出し続けることでどこかに届くかもしれない。そこから返ってくる声は、もちろん自分の欲しいものだけではないかもしれないけれど、支えの声や励ましの声、批判、提案、あらゆる声がつながり、そこから新たな道が生まれていくかもしれない。

賛否はあると思うけれど、「言いたいことが言えない」よりは、反論ふくめ自由に言い合える世の中のほうがだいぶマシだと思うのだ。

ケンカはタイマンで

クソリプに対し「一対一で、丁寧にケンカする」というファイトスタイルは、敬愛するミュージシャンの石野卓球さんから学んだ。

同じグループを組むピエール瀧さんが薬物使用容疑で逮捕されたとき、事件にぜんぜん関係ない卓球さんに嫌がらせのようなツイートをする人たちがいた。

その状況を見て、人を怒らせてばかりいる夫のせいで、ぜんぜん関係ない嫌がらせを受ける自分の姿を勝手に重ねたことは言うまでもない。

卓球さんはすごかった。

「石野卓球なんてピエール瀧のおかげで世間に知れたんだよ」というツイートに対し「お前が知らなかっただけだよ」「悪いがキサマが知る前から俺はスターだよ」と返した。この、徹底的にタイマンを張る姿が、私にはめちゃめちゃかっこよく思えた。

フォロワーの多い有名人が、自分を擁護する誰かの投稿を引用して「自分の味方はこんなにいる」と見せつける戦法を取ることがある。その擁護をしてくれた人が有名人であればなお効果がある。けれど、私はあんまりそのやり方が好きではない。「お前より有名人なんだぞ、偉いんだぞ」というのは、なんというか中身がない。**もしケンカをするのなら、フォロワー数ではなく、お互いに、なにをどう考えたのかという言葉の中身で勝負したいと私は思うのである。**

支持されても調子に乗らない

少し前、フランス代表のサッカー選手2人が、ホテルの日本人スタッフに対し、「ひどい顔だ」「なんて言葉だ」などと発言した動画がインターネット上で公開された。その発言はもちろんフランス語である。そして、動画を観た人たちから「日本人に対する人種差別ではないか」という批判が出て、その選手たちが謝罪をするということがあった。

そのニュースに対し、ひろゆき君が「彼らが言った言葉は悪口ではあるけれど、人種差別ではない」というコメントをしたところ、そこにフランス言語学者も参戦して、あれやこれやと炎上騒ぎになった。

そのときに、やっぱり、なにも言っていない私が巻き込まれた。

「フランス語もろくに話せないくせに偉そうなことを言うな」とかいうツイートが私のところに飛んできて、めんどくせーなーと思っていたところ、過去にフランスに住んでいたことがあるという方が、フランス語で「関係ない彼女にそんなことを言うべきではない」という主旨の投稿をしてくれた。「フランス語が話せないくせに」と私を責めてきた人は、フランス語で反論されたことにびっくりしたのか、どう返せばいいのかわからなかったのか、真意はわからないが、その後は沈黙した。

現在は、その助けてくれた方はX（旧Twitter）を離れてしまっているようで、そのときのやりとりも見つけることができない（文鳥のかわいいアイコンの人だった）。けれど、こんなふうに通りすがりに、ヒョイと救いの手を差し伸べてくれる人がいて、そういう人の存在を感じられることはSNSの良いところだと思う。

私の個人的な投稿に「私もそう思ってました！」とか「ゆかさんのおかげで、見方が変わりました」という反応が返ってくると、たしかに悪い気はしない。

でも私は、自分に対する好意的な言葉にこそ、過剰に反応してはいけない気がしている。こそっと「共感してくれてうれしいな」くらいのお返事はするかもしれないけれど、リポストしまくって「ほら、見て！　私はこんなに支持されている！」と見せびらかすのは、ちょっとかっこ悪いと思う。

人にはいろいろな面がある。ある面では共感できても、ほかの面では共感できないこともある。それが、ほんとは当たり前だと思う。

たとえば、私はロックミュージシャンのMIYAVIさんがすごく好きだ。彼の音楽だけでなく、UNHCR（国連難民高等弁務官事務所）の親善大使としての慈善活動も、素敵だなあと思っている。

でも、憧《あこが》れすぎないように気をつけてもいる。MIYAVIさんがなにをしても全部丸ごと正しいと思い込んだり、自分の理想とは外れたことをしたからといってがっかりしないようにしたいと思っている。

少し前までは、SNSというのは、自分がそれまで知らなかったいろんな考えを知ることのできるメディアだった。でもフィルターバブルとかエコーチェンバーとかいう言葉で説明されているように、いまやそこは、多様性を学ぶ場ではなく、自分にとって都合のいい情報だけが目に入ってくるような場所になってしまった。

できるだけ長く、できるだけ深くSNSにとどまらせるには、そのほうが効果的だからだ。

つまり、SNSの世界にいると、自分の視野はどんどん狭くなってしまう。なにかに怒りたい人は、同じように怒っている人の情報ばかりを目にするようになる。悲しみを抱えている人は、悲しい現実ばかり目にする。だから、ずっと怒りも悲しみも消えないのだ。

もしみなさんが、これからもSNSを楽しみたいなら、SNSがそういう場所になっているということに気をつけてほしい。そして、現実世界の人は多面的であり、時と場合によっていろんなことを言うものだというのも念頭に置くといいかもしれない。

そして自分もまた、誰かに共感したり、しなかったりするのが当たり前であること。自分が感じることは自分だけの真実であり、自分が感じたことを、責めたりいちゃもんつけたりする権利は誰にもない、ということを忘れないでほしいと思う。

「影響力」の使い方

ちょっとした暇つぶしになったり、ほっこりした気分になれる。同じ興味を持つ人ともつながれる。そういうのがSNSの良いところだと思うのだけれど、フォロワーが増えれば増えるほど「ゆかさんがそんな人だと思っていませんでした」というがっかりしました系の反応もときどき来るようになった。

なんとなく、おもしろいことを言う人だなあと思ってフォローしていただけの人が「ひろゆきの妻にフォローされた！　ひろゆきに反撃するなら妻を使うしかない」とポストしていてうわっと思ってそっとフォローを外したこともある。

また「自分の影響力を理解して発言してください」というようなこともよく言われるようになった。それで私は、影響力という言葉がなんだかちょっと嫌いになった。

Xには、嫌なポストを見ない自由がある。見たくないときは、ただ指で画面をスッとなぞるだけでいい。私もよくやる。

そもそも、誰の言葉に影響を受けるかを、大人なら自分で決められるはずだ。

「お前の影響力を考えろ！」とか「フォロワー数の暴力！」などと言って攻撃してくる人たちは、フォロワー数の多い人の言葉に絶対的に影響を受けてしまう呪いにでもかかっているのだろうか。


とはいえ、コロナ禍を経て、自分では望んでいなかったけれど、持ってしまった「影響力」をどう使えばいいのかということを私もきちんと考えるようになった。

私とひろゆき君は、コロナ禍をフランスで過ごしたが、世界的な感染拡大がはじまった当初、日本のお医者さんや医療関係者が、Twitter に情報を流してくださったことがとてもありがたかった。

コロナとはどういうウィルスなのか、医学的にはどういう対策ができるのか。

そのような基本的な情報に関しては、フランス政府からも発信されていたけれど、日本語で書かれたものを読んで確認できたのが、とても心強かった。

しかも、Twitter 上ではそれを無料で読めて、ほんとうに助かった。

それ以来、私は、XなどのSNSが、医療や健康について有益な情報を得られる場であるといいなと願いつづけている。そのために、自分の「影響力」を使おうと思うようになった。

私がいま関心を寄せているのは、子どもの幸せにつながることだったり、女性の権利が保護されることだったり、健康に役立つことだったりする。いずれも、自分の経験してきたこととリンクしている。

注意深く見ていると、困ったときに助けてもらえるサポートの情報や、制度のことなど、とても大切な情報がSNS上にも転がっていたりする。

いろいろな経験をしてきたぶん、私はほかの人よりちょっとだけ早く、そういう情報にたどり着けるのかもしれないとも思う。

だから、クソリプが飛んできてもめげないで、これからも発信を続けたい。

フランスのおしゃれ、それはジャストサイズを着ること

SNS上の「ひろゆきをなんとかしろ」というクレームについては、たいてい軽く受け流すことの多い私だけれど、「ひろゆきの服装をなんとかしてやれ」というご意見については、私もできることならなんとかしてあげたいと常日ごろ思っている。変な格好のひろゆき君と一緒に歩くのは私もじゃっかん恥ずかしいからだ。

彼は、基本的にTシャツ（冬はパーカー）とズボンのような楽な服しか着ない。そして、足元はお決まりのメーカーのサンダルである。

同じ服を10年くらいは着るのが普通で、新しいものを着ていると思ったら、イベントでもらってきた景品だったりする。

ケチなので、古くなった服を自分ではほとんど捨ててくれない。穴が空いてさすがに外では着てほしくないボロボロの服を、彼にばれないようにこっそり捨てるのはな

かなか大変な仕事である。
余談だが「ブランド名のデカデカと書かれた服を着ているやつはバカ」と豪語するひろゆき君であるが、サービス名やゲームのタイトルが書かれているアイテムは堂々と身につけているので、矛盾しているなぁとも思っている。

フランスで暮らしていると、ひろゆき君と同じようにラフな格好をしている紳士に遭遇する。アイテムはTシャツに短パンやネルシャツにカーゴパンツと同じだし、年齢もだいたい同じくらいなのに、なぜかすごくかっこよく見えるのだ。

かっこよく見える理由が知りたくて、街のパリジャンをしばらく観察していると、みんな「ジャストサイズ」を着ていることに気づいた。おじいちゃんから若者まで、アイテムはラフでもサイズ感がパリジャンって感じだったのだ。

ひろゆき君のジャストサイズは、たぶんフランスのサイズでいうとMくらい。デザインによっては、Sサイズでも十分。
ところが、ひろゆき君は、日本で服を買うときと同じように、Lサイズとか2Lサイズに該当するものを買っていたのだろう。

そして、フランスのLサイズは、日本のLサイズよりはるかに大きいのだ。ひろゆき君は試着なんかしないで買ってしまうのでそのことに気づかなかったのだろう。フランス移住8年目にしてやっとこのサイズ感のズレに私は気づいた。完全に盲点だった。

こうして、ひろゆき君がなぜだらしなく見えるのか、その理由が判明した。最近は、フランスでのMサイズとか、ものによってはSサイズのものを選んで渡している。ジャストサイズで着るようになると、ひろゆき君もやっぱりそれなりに、おしゃれに見えるようになった。

いつもゆるいのを着ていたから「もっとゆったりしたのがいい！」とか文句を言ってくるかなと思ったけれど、そんなこともなかった。ゆるくなくてもいいというのも発見だった。

まとめると、彼は着るものにはぜんぜん興味がなかったということです。

「きれい」と「ブス」の違い

日本のメディアへの露出が増えると、視聴者や読者の方から「ゆかさん、メイク薄すぎる」とか「顔が疲れてる」など、容姿のことをいろいろ言われるようになった。フランスに来てからすっかり忘れていたが、やっぱり、日本って見た目にうるさいよなあとあらためて思った。

世間様がおっしゃるとおり、私はメイクをほとんどしない。そんなに好きじゃないから。

それと、アンチエイジングみたいなものにもあまり興味がない。

小さいころ、私は自分の顔にコンプレックスを持っていた。

母がすごく美人で、友達からも「ゆかのお母さんきれいだね」と言われるのはうれしかったが「お母さんにぜんぜん似てないね」とか、もっと露骨に「ブス」と言われたりもした。そのせいで、けっこう内向的な子だったかもしれない。小学生のときは、容姿のことでいじめみたいなものも受けたことがある。

ところが、中学へ上がったとたん、急に男子にモテるようになった。

この経験は、見た目の「きれい」「かわいい」とか「かわいくない」「ブス」という価値観って、時と場所によって変わるものなんだという学びにつながった。

そんな流動的な価値観に振り回されたり、一喜一憂したりするのって、なんか虚しいなと思った。

歳を重ねると、見た目じゃなくて、食べ方や姿勢など、身のこなしがきれいだと褒《ほ》められるようになった。

パリの街でコーヒーを飲んでいたら、隣に座っていた男性から突然、「姿勢がきれいだね、もしかしてダンスをやってる?」とたずねられた。その人はプロのバレエダンサーだった。「てっきり同業者だと思って話しかけてしまった、失礼」と、その人は恥ずかしそうに去っていった。

フランスの人は、女性も男性も、人からどう見られるかなんてことをほとんど気にしていないように見える。おばあちゃんでも派手なミニスカートを穿いたりしている。日焼けを気にして、真夏でも長袖長ズボン、日傘、みたいな人もいない。みんなが、自分がしたい格好をしてそれぞれが勝手に楽しんでいる。こういうパリの街の空気は、ほんとうに心地いい。

私自身は、日ごとに増えるシミやシワが、ぜんぜん気にならないと言ったら嘘になるけれど、自然と変わっていくものに抗うのはすごく大変だし、疲れてしまうので嫌だなと思っている。

でも、年齢を重ねてもなくならない美しさ、そういうものを褒められるとうれしい。姿勢の良さや立ち居振る舞いは、年齢を重ねても、国が違っても、褒めてもらえるから、そこを磨くのはけっこうおすすめです。

収入と家事・育児の分担

まだ日本にいたころの話だ。

あるとき、私は、友人とランチする約束をしていた。その友人はフルタイムで働きながら子どもを育てるワーキングマザーだった。

約束のギリギリになって、彼女から「ごめん、行けなくなった」と電話がかかってきた。理由を聞くと、その日子どもを見る予定だった夫と些細《ささい》なことで口論となり、「子どもを置いて友達と会うなんていい身分だね」と嫌みを言われたということだった。

彼女の家庭では、家事はもちろん、育児もほぼ彼女がやっていた。さらに仕事もしているというのに、「それでも収入が少ないのは自分のほうだから、夫の言うことを聞くしかない」と言うのだ。

がんばっている彼女に「旦那からそんな扱いを受けるなんてかわいそう」と言うのはとても失礼なことだと思って言えなかった。その代わり、「気分ひとつで私とあなたが会う時間を奪った旦那さんがむかつく」とだけ彼女に言った。

でも、どうして、いつから、収入の格差がそのまま家庭での立場の強弱になったのだろうか。

会社勤めをしていたときには、こんな場面に遭遇した。

休日出勤をしていたら、上司が子どもを連れてきた。その上司が「嫁が子どもの面倒みろってうるさくてね〜」と言うと、若手の男性社員が「誰の稼ぎで生活できてると思ってるんですかね」と言った。

この世には、稼いでいるほうは家事育児をしなくていいと思っている人がいるのか。こういう人とは結婚しないでおこうと思った。

フリーランスになって、そのときの上司がもらっていたのと同じくらいの収入を得られたことがあった。

正直、ちょっとがんばれば達成できる程度の額じゃないかとも思ったが、これをずっと維持していくとなると、それはそれで大変なことなんだろうなとも素直に思った。

さらに、家族のために収入を下げられないというプレッシャーがあるのだとしたら、そういうふうに思ってしまう気持ちも、理解できなくもないなとも思う。


私が育った母方の実家は、昔から米屋さんをやっていて、夫婦でお店を切り盛りしていたし、祖父は自分で食事の支度《したく》ができる人だった。だから、妻が主に家事をするのが当然という夫婦の姿は、私の目には逆に不思議に映った。


そして、ひろゆき君と夫婦になってみて、収入格差が家庭での立場の強弱や、役割分担に直結する風潮は、やっぱりちょっと無理があるとより強く思うようになった。

だって、わが家を見てください。

私とひろゆき君には、埋めようのないとんでもない収入格差があるけれど、だからひろゆき君に意見もできない、というわけではまったくない。

それどころか、今日もひろゆき君は、夕飯づくりをしている。


収入の多い少ないで夫婦の力関係が決まる。家事育児の分担も決まる。

その決め方がわかりやすいから、よく話し合いもせずにみんなやってしまうのかもしれないけれど、別のバランス感覚を持ったほうが、夫婦は仲良く楽しくいられる気がする。

だって、このご時世、収入なんていつ減ったり途絶えたりするかわからないではないか。コロナ禍では4人に1人の割合で収入が減ったというデータがあるそうだ。

わが家のように、思い切って家事1日交代制にするのもいいと思うけれど、家事は夫にはしてほしくない！　という人も一定数はいると思う。

私も、とくに洗濯は、ひろゆき君にやってもらうと大事な服が傷むからどちらかというとしないでほしい。

要するに、お互いが居心地がよいと思える家事分担のバランスを、2人で話し合って見つけてはどうだろう。

妻だから、夫だからという固定観念は捨てて、それぞれの得意なこと、不得意なことを正直にちゃんと伝え合い、見える化すると、その2人ならではの良きルールが作れると思う。

幸せじゃないと、いい仕事はできない

2023年、GMOの社内向けイベントのゲストに夫婦で呼んでいただいた。私にとってGMOは、社会人としてのスタートを切った会社。そして、なんのスキルもない私を、ウェブデザイナーとして育ててくれた大切な場所だ。

お世話になったGMOのみなさんが喜んでくれたらうれしいなと思い、当日は、夫婦でおそろいのGMOのロゴが入ったTシャツを着て登壇した。

なんと、渋谷セルリアンタワーのボールルームを借り切って、昼と夕方の2部制。聴衆は各回2000人ぐらいずついるという、ものすごく大きなイベントで驚いた。

イベントが進む中、GMOで働いていた自分のことを思い出していた。

毎日忙しくて充実していたけれど、やっぱり無駄に苦しんでいたなあと思う。

つねにプレッシャーを感じていたし、同僚にも先輩にも恵まれていたのに、人に頼るのがすごく下手だった。

どうしてあんなに苦しんでいたのか、40歳を迎えるころになって私はやっとわかった。

人は幸せじゃないと、いい仕事ができないのだ。
自分が幸せじゃないと、良い成果を生もうとか、誰かを助けようとか、新しいことに挑戦しようというポジティブなマインドがそもそも持てない。

あのころの私に必要だったのは、自分を否定し、追い込むことじゃなく、ただありのままを認めて幸せでいることだったのだと思う。

要するに、もっと自分に優しくしていればよかったのだ。そうしたらもう少し、この会社に貢献できたかもなあ、なんて思った。

最後に、司会の方が、「社員に向けて、ひと言お願いします」と私に言った。

私は、かつての自分に向かって言うような気持ちでこう言った。

「仕事の中で、自分にできることはなにかっていうことと同じくらい、仕事の中で自分が幸せになれる方法はなにかを、いつも考えるといいと思います」

第 4 章

過去と現在

私たちが心から楽しんだものは失わない。
心から愛したものは私たちの一部となる。

ヘレン・ケラー

私の母が遺した永遠の謎

母が亡くなってから丸10年が経った。

この本を書くための打ち合わせで、編集者さんからこんなふうに聞かれた。

「お母さんは、どうしてギャンブル依存症になってしまったのでしょうか？　なにか悩みを抱えていたのでしょうか？」

その答えをいくら考えても、腑《ふ》に落ちるものが私の中に見つからなかった。

それで、私は気づいた。

母と生きていくために「おかしな母」「依存症の母」というのを、子どものころの私はただ受け入れるしかなかったということを。

穏やかに会話したり、本心を語り合うということが母とはぜんぜんできなかったから、自分のことを母に知ってもらうのも、母を知ろうとすることも早々にあきらめなくてはならなかったのだということを。

母がどれだけおかしな人だったか、どんなとんでもないことをしてきたか、というエピソードならいくらでも面白おかしく話せるのだけれど「母の気持ち」にふれようとすると、たくさんの謎が出てくる。

「ママは、なにか悩んでいたの？　苦しんでいたの？」

でも、その疑問をぶつけられる母はもうこの世にはいない。

謎は謎のまま置いておくしかない。そう思うと少し苦しくなる。

母は、いつもお金に困っていたわりに、すごく能天気だった。

巻き込まれたほうは死に物狂いで東奔西走しているのに、当の本人はきっと誰かがなんとかしてくれると思っているようだった。そして、実際に、母の周りには「なんとかする人」が集まっていた。

母はまるで、自分だけおとぎの国のお姫様のようにふわふわしていた。

死ぬときも、いろんな問題をそのままにして、快適な病院で静かに亡くなっていった。

死に顔はすごく穏やかできれいだった。

そういう母の人生から私は、悲愴感のようなものをいまでも一切感じないのである。
もしかしたらそれが、母の残したいちばんの謎かもしれない。
あんた、いったい、どんな強いメンタルしてたんだよ。

母について、なにか新しいことがわかるかもしれないと期待して、ガーシーこと東谷義和さんの書いた『死なばもろとも』（幻冬舎）という本を読んでみた。ガーシーもギャンブルにのめり込んだそうだから、ギャンブル依存症の母のことを、この本で少しは理解できるかもしれないと思ったのだ。

「なんつうアホなことをやっとるんや。1000万円なり500万円なり勝ったところで、そこをゴールと決めてスパッと勝ち逃げすりゃええやないか」
博打に関心がないヤツはそう思うやろ。でもギャンブル依存症は、勝ってもやめられへんのや。ある程度勝ったところでやめるようなら、そもそもギャンブルにハマってへんねん。

と、書いてあった。「母と同じだ」「母もそうだった」と思った。ほかにも思い当たるところがありすぎて、一気に読んでしまった。

でも、「ギャンブル依存症の人はお金があると必ずギャンブルに使ってしまう。それを止めることはできない」という救いのない事実をあらためて確認しただけで、それ以上の発見はなにもなかった。


ちなみに、ガーシーの本を読み終えてひと月くらいしたころ、なんの因果か、私はガーシーに脅《おど》されるはめになった。

ひろゆき君とガーシーがそのころにSNS上で口論をしていたのだけれど、ガーシー曰く、ひろゆきを懲らしめるために、アキレス腱である家族を攻撃するとのことだった。

「これが俺のやり方」とガーシーは言った。

関係ない人まで平気でトラブルに巻き込もうとするところも、母とめっちゃ似てるわーと思った。

がんになった母

その日、母から久しぶりに電話がかかってきて、どうせろくでもないことに違いないと思った。けれど、出ないときっと面倒くさいことになるから仕方なく電話に出た。

4月19日。その日は、私の誕生日だった。

母は電話口で、お金を貸してほしいと言った。

娘の誕生日にまでお金の無心かよ……とげんなりしていると「吐血した」「病院に行くためにお金を貸して」と言う。さすがに心配になり、急いでお金を振り込んだ。

後日母は、病院で肺腺がんの診断を受けたと連絡してきた。それを聞いた私は、驚くより先にほっとしてしまった。吐血の訴えは嘘じゃなかったということ。振り込んだお金でちゃんと病院に行ってくれたこと。

こんなときにまで母を疑ってしまう自分がちょっと哀れだった。

後日、私は病院に呼ばれ、主治医の先生に余命は3年から5年だと告げられた。

母がこの世からいなくなるということが、私にはうまくイメージできなかった。

そして、頭に浮かんだのは、もし母との関係を修復できるとしたら、いまが最後のチャンスになるかもしれないということだった。

3年から5年。それだけの時間があれば、母と仲直りできるのではないか。

でも、すぐに、その考えが甘かったと知ることになった。


がんの治療について、私はそれまでほとんど知らなかった。いちばん驚いたのは、抗がん剤にはたくさんの種類があるけれど、そのすべてを試せるわけではなく、進行状況に応じて、使える薬もどんどん減っていくということ。

たとえば、最初にAという薬を試して、それが効かなかったとする。抗がん剤が効いていないので、当然がん細胞は増え続け、症状も進行して体力も落ちる。すると、その状態で使える薬の選択肢は減り、次に試した薬がまた効かなかった場合は、さらに症状は進行する。

主治医の先生が最初に告げた3年から5年という期間は、薬が効いて、それなりに治療に効果があった場合の時間だったのだ。つまり、薬が効かなければなにもしていないのと同じで、母に残された時間も短くなっていく。

治療をはじめて半年ほど経ったころ、母に試した3種類の抗がん剤すべてが効かなかったことを知らされた。そして、主治医の先生から「余命は3週間」と告げられた。「え!?」と思わず声が出た。あっという間に寿命が10分の1以下になったことに驚きを隠せなかった。

主治医は続けた。「あなたのお母さんは肉体的にも精神的にもきちんと自分の状況を受け入れられる状況じゃないと思うので、余命のことは告げないほうがいい」

母は、自分がもうすぐ死ぬとはこれっぽっちも思っていない様子で、病院を変えてほしいなどとわがままを言っていた。だから、私も先生と同じ意見だった。

最後の3週間、精神的にほんとうにつらかった。

母に余命のことを言わないままで、私ひとりで葬儀や埋葬のことを考えなくてはいけなかったからだ。

頼りにしていた祖母はすでに亡くなっていたし、父親である祖父は、ずいぶん歳をとっていた。それに以前、母が起こした借金トラブルのショックで祖父は倒れたことがあったから、とても相談できなかった。

唯一、話ができた伯母には母の病気のことも余命のことも伝えたけれど、伯母と母の関係はずっと壊滅的に険悪だったからお見舞いには来てくれなかった。

ちなみに、伯母のほかに、母には兄もいたのだけれど、そのお兄さんとも長らく絶縁状態で、お見舞いにはやっぱり来なかった。なんでも、お兄さんが仕事の関係でアメリカに住んでいたとき、母がお兄さんのクレジットカードを無断で使ってお金を借り、それを返さなかったせいでブラックリストに載ってしまったという。

お兄さんは、なにかの犯罪に巻き込まれたのかと思って、被害届を出そうとしていたけれど、よくよく調べてみると、カードを使ったのが自分の妹だとわかった。母に犯罪歴がついてしまったら娘の私がかわいそうだからと警察沙汰にはしなかったという。でも、お兄さんは激怒して、それ以来、母とは付き合いがなかった。

母に迷惑をかけられてない人は、残念ながら親族の中に誰もいなかった。

でも、死にそうな母に向き合っているのが自分だけという状況に耐え切れず、私は助けを求めて父にメールで連絡をしてみた。

もう他人とはいえ、かつては夫婦だった人だ。母への思いはなかったとしても、娘の私を心配して、お見舞いくらいは来てくれるかと思った。ところが父からのメールにはこう書いてあった。

「いったら行くよ」

ひらがなで書かれた「いったら」の部分の意味がうまく理解できなくて、しばらく考え込んだ。そして「逝《い》ったら行く」という意味だとわかって、やりきれない気持ちになった。

最期に分け合ったもの

母が亡くなったのは、ほんとうに主治医の言うとおり、およそ3週間後の10月21日のことだった。病院から「呼吸が止まってしまったようです」と連絡をもらったとき、ただ茫然としてしまったのを覚えている。**悲しいとかつらいとかではなく「全部終わった」「全部なくなった」という虚無感のようなものを強く感じた。**

母が亡くなる少し前のことだ。

そのころの母は、すでに外にも出られず、ほとんど食べられない状態になっていたのだけれど、病室の中でもなんとなく季節を感じてほしかった私は、和菓子や季節の果物、お菓子などを持っていっていた。その日は、ハロウィンの飾りのついた焼き菓子を病室に持っていった。

「何種類かあるから、食べられそうなものがあったら食べてね」と私は言った。

母は、嬉しそうに「ありがとう」と言った。

亡くなる2日前に病室を訪れたとき、「ゆか、これ食べて」と言って、母が半分残した焼き菓子を私に手渡してきた。

「どうしたの？　おいしくなかったの？」と私が聞くと「ううん。これが一番おいしかったから、ゆかと一緒に食べようと思って残しておいたの」と言った。

私は母からもらったその焼き菓子を「おいしいね」と言って、にこにこしながら食べた。

そこにいたのは、私が小さいころに大好きだったママだった。

母と会ったのは、そのときが最後になった。

カオスなお葬式

母が亡くなってすぐに、母の信仰していた宗教の人たちが、私に何度も連絡をしてきた。こちらの考えも聞かないで、お葬式はここでやるように、骨はどこのお寺に納めるようにと自分たちのやり方を押し付けるスタイルにはほんとうにうんざりした。

「親族だけで葬儀をします」と伝えたら、「どうしても葬儀に参加したい」と言うので、そこまで言うならと思って参列を許可すると、なんと電話口の人だけでなく、母が通っていたという支部の副住職と、以前パソコンを買おうと思って貯めていたお金を借りて返そうとしなかった母の彼氏がどういうわけかその宗教に入信していて、その3人が葬式にやってきて驚いた。

「いったら行くよ」とメールを寄越した父は、ほんとうにお見舞いには来ずに、葬儀のときにだけやってきた。祖父が、押しかけてきた宗教の人たちの、よりによって母の元彼を父と間違えて話しかけて、変な空気になった。ちなみに、そういうカオスな状況を、私に付き添ってくれたひろゆき君は、苦笑いしながら見ていた。

盛大な葬儀は、母には必要ないと私は考えた。親族にお金のことでたくさん迷惑をかけた人だったから、最期くらいはお金をかけずに、質素に見送ったほうがいいと思ったのだ。

それで、いちばんシンプルな「直葬《ちょくそう》」を選択した。

直葬というのは、親族と簡単にお別れの儀式を済ませ、遺体を火葬炉で燃やし、骨を壺に納めておしまい。お経を読み上げる僧侶もいない。

お別れの儀式のときに、棺に入れるお花だけは、私が用意して持っていった。

母の周りを花で飾っていたら、母の宗教関係者が「これは大事なものだから」と言って、たくさんの葉っぱをバサバサ入れてきた。それで、私が用意したお花はほとんど見えなくなった。

それでも、私は、彼らにやめてくれとは言えなかった。

疲れすぎて、声を出す気力がすでになかったというのもあるけれど、この人たちが、母の心の支えだったのだろうと思って受け入れたのだ。

母とともに生きた意味

「家のお墓に母を入れないでくれ」と伯母に言われたため、葬儀のあとに埋葬手段を探さねばならなかった。

　母のために新しいお墓を建てることも考えてみたけれど、私が墓守娘になるのも嫌だった。どうしたものかと悩んでいたときに、ふと「いつかママが死んだら、ハワイにでも骨をまいてよ」と母が冗談めかして言っていたのを思い出した。海にまいて自由になったら、母も喜ぶような気がした。それに、母を家族というしがらみからは、もう解放してあげたほうがいいのかなとも思った。

　そして、当時、ひろゆき君と海外に移住する計画も進めていたから、海にまけば、世界中のどこにいても、私と母は、つながっていられるんじゃないかなと思った。

　海洋散骨は、日本の海でもできたのだけれど、手続きがなかなか大変そうだった。ハワイは特別な許可がなくても散骨していいとわかり、ハワイに決めた。

亡くなって初めてわかったことだったけれど、親が亡くなってからの一連の手続きってほんとうに大変だ。まだ心の整理もついていない状態でいろいろ決めねばならないから、ものすごいエネルギーを使ってしまう。

私の場合は、親族の機嫌をうかがい、わけのわからない宗教の人たちに横やりを入れられながらだったから、なおさらきつかったのかもしれない。案の定、すべての手続きを終えたあとで、私は体調を崩してしばらく寝込んだ。

それでも、私が自分の手で母を見送ってあげたいという気持ちを保っていられたのは、闘病期間の母とのおだやかな時間があったからだと思う。

いま思い返しても、最期に母と過ごせてほんとうによかったと思う。

そのためには、母に対して長年抱えていた思いに、無理やり蓋《ふた》をするしかなかったけれど、そうまでしてでも、母と一緒にいた意味はあったと思う。

当時は、それが母のためだと自分に言い聞かせていたけれど、その時間に救われたのは私のほうだったと、母が亡くなったときに気づかされた。

母が私にしたことを、いまでも許せたわけではぜんぜんない。そして、これからも許すつもりはない。けれど、あの時間があったから、母が、娘の私を、母なりに大切に思ってくれていたということを、最期に確認することもできた。

母が亡くなったあとも、生きていかなくてはいけない自分のために、必要なことだったのだと思う。

母のことを思い出そうとして、最初に浮かぶのはこんな光景だ。

母と2人で暮らしていたマンション前の小さな公園で、晴れた日にバドミントンをしている。

お母さんが打ったシャトルが、風を受けてふわっと浮き上がった。

そのシャトルをつかまえようと、私は懸命になってラケットを振った。

2人きりの時間がうれしくて、楽しくて、私はずっと声をあげて笑っていた。

私は、母が好きだったのだ。どうしようもなく。

死んでくれて助かった

母の余命が残りわずかだとわかってからは、過去のことに全部蓋《ふた》をして、母に向き合うと決めた。最初は、母がわがままを言って困らせてきたけれど、病気が進行するにつれて、わがままを言う気力も体力もなくなったのか、だんだんと静かになり、かわいくて優しい母になっていった。

子どもの私を置いて、何日も帰ってこなかったこと。お金が無いのを私のせいにして怒鳴《どな》ってきたこと。私が死にたいと言っても、顔色ひとつ変えなかったこと。

そんなつらい日々がなかったかのように、病室での母は私に優しく、会話も穏やかで楽しいものだった。

「ゆかは、元気？　疲れてない？」と、病室を訪れた私を母が気遣ってくれた。

「いまの母となら、楽しく生きていけるかもしれない」と私は思うようになっていた。主治医から余命を告げられても、心のどこかで「そうは言っても何年も生きる人もいるよね」と半ば信じていない私がいた。だから、ほんとうに余命どおりに亡くなったときは、心底びっくりした。

母が死ぬということを、最後まで覚悟できなかったのは、目の前の優しい母に、もう少しだけ生きていてほしいと思っていたからなのだと思う。

母が亡くなってから、葬儀、散骨のほかに残っていた大仕事は、遺品の整理だった。母のいままでしてきたことを考えれば、相続放棄の一択だった。どこにどんな借金があるかわからないからだ。財産よりも負債のほうが多いのは明らかだった。

ちなみに、親の相続を放棄すると、親が住んでいた住居から遺品を持ち帰ったりすることが、基本的にはできなくなる。もしそれをしてしまうと、相続人と認められ、退去費用や滞納分の家賃などを請求されてしまうのだ。だから遺品は放置するしかない。相続放棄をご検討中のみなさんは、じゅうぶん注意してほしい。

というわけで、遺品の整理といっても、最後に母が住んでいた部屋には、ほとんど手を付けることができなかった。とはいえ、ゴミもたくさん残っており、そのままにしておくのが大家さんに申し訳なくて、私は「お詫び」という名目でお金を包んでお渡しした。そして、大家さんのご厚意で、少しだけ部屋を片づける許可をもらった。

母の部屋は、なんでこんなものまで残しておいたのだろうと思うようなものであふれていた。私の写真のほか、小さいころに私に買ってくれたおもちゃや服、子どものころから「いったいこれはなんのためにあるんだろう？」と思っていた大きな飾り羽子板まで残してあった。

古くて色あせた客人用のカップやソーサーのセット、若いころに恋人に買ってもらったのであろうバッグやアクセサリー。もう着なくなったスーツ。

物には思い出が詰まっているなんてよく言われるけれど、死んでしまったら、物はただのゴミになるということを思い知った。

「こんなにため込んでも、死んじゃったら意味ないよ。片づけるほうのことも考えてよ」とひとり文句を言いながら、私は、なにか持って帰るべきものがあるか探した。

そして、私が子どものころに母がよくつけていたネックレスと、母が愛用していたマグカップだけ、持って帰ることにした。

それは高価な物でもなんでもなかったけれど、私にとっては唯一思い出があると思えたものだった。


荷物をまとめて帰ろうとしたとき、棚に封筒が差さっているのを見つけ、気になって開けてみた。私に対するおかしな遺言でも書いてあったら困ると思ったのだ。

でもそれは、がんになる直前に、母が以前住んでいた別のアパートの大家に対して起こした裁判に関する、弁護士への依頼状だった。

家賃を滞納した母は、その大家から強制的に追い出され、荷物を許可なく処分されたという。真相はわからないが、そもそもは、滞納する母が悪い。けれど、母は追い出され、荷物を勝手に処分されたことを違法だとして、裁判を起こそうとしていた。

病院に行くお金もなかったくせに、その弁護士費用はどこから捻出したんじゃい！

と私は盛大に突っ込んだ。

その依頼状には、目をそむけたくなるほどの、恨みつらみが書き連ねてあった。

哀れな自分が、大家のせいでどれだけひどい目にあったか。

こんなことあってはならない。

不幸な自分を助けてくれ。

そんな呪いの言葉が便せんにびっしり書いてあった。

持って帰ると呪われそうなので、私はそれをそっと棚に戻して、見なかったことにした。

そして、こう思った。

「ママ、ごめんね。やっぱり、死んでくれて助かったかもしれない」

キング・オブ・クズな父

高校2年生で父と暮らすことになったときに、祖母は口にこそ出さなかったが、私が父のところに行くことにかなり複雑な思いを抱いていたそうだ。

「あんな人に、ゆかを渡したくない」と、祖母が漏《も》らしていたとあとになって知った。離婚後に、父が私に会いに来たときも、祖母は怒って追い返したらしい。

そんな祖母の思いなど知らずに父のところへ行った私を、祖母はしばらく怒っていた。なぜ祖母が、そんなに怒っていたのか、なぜ父が祖母にそこまで嫌われていたのか、私はよくわかっていなかった。

でも、一緒に暮らして初めて父には深い闇があることが少しずつわかってきたのである。

父に対して私がとくにがっかりした出来事があった。

高校2年生から高校卒業の直前まで父と一緒に暮らしたが、そのころ父にはすごく長く付き合っている女性がいた。

その人は既婚者だったのだけれど、夫とは別居状態だということだった。私より少し年上の息子が2人、娘が1人いて、彼らのために離婚しないでいるらしかった。

その恋人の家族と、父と私で、ある日カラオケに行った。

そのときの父と、3人の子どもたちの仲がすごく良くて、ほんとうの親子みたいだと思ったことを覚えている。場を盛り上げようとみんなで冗談を言い合い、私を楽しませようと気を使ってくれているのも伝わってきた。でも、私はなんとなくその輪の中に入ることができずにいた。

遠巻きに彼らを見ながら、幸せな家族ってこういうものなんじゃないかと感じた。そして、私の母とは家族を作れなかったけれど、別の人と幸せな家族を築き上げている父に対して、ちゃんとした人間で良かったとさえ思った。

けれど、後日、その考えが180度変わることになる。

別居状態だった恋人の夫が、事故で急死したというのだ。

息子や娘たちには気の毒としか言いようがないけれど、父が結婚することへの障害は、これでなくなったと私は思った。それで無邪気に、「じゃあ、お父さん、あの人と結婚するの？」とたずねた。そうなればいいなと心から思っての言葉だった。

ところが、父からの返答は予想外のものだった。

「あの人とは別れたんだよ」

「え？　なんで!?」

状況が呑み込めなくてどぎまぎしている私に、父は続けた。

「彼女は結婚したいってなってたんだけど、お父さん、なんだかめんどくさくなっちゃって」

その言葉で、祖母がなぜあんなに怒ったのか、なぜこの人をそんなにも嫌っていたのかわかったような気がした。

自分の父が、とんでもないクズ男であることを悟ったのだった。

すっとこどっこいなプライド

第2章で書いたとおり、私と父の暮らしは、「おばあちゃんのほうが大切だから」という父の突然の終了宣言によってあっけなく幕を閉じた。父は、自分の言葉どおり、植物状態になった自分の母（私にとっては父方の祖母）のことは、ちゃんと看取ったらしい。

父方の祖母には、数回しか会ったことがなかったけれど、気の強い人だったと聞いている。

父が借金をつくったときに「お前なんかもう死んでくれ」と激怒したらしい。それでもなんとかお金を工面して父の借金を返してくれたのだから、父のことは大切に思っていたのだろう。

養女として千葉の建具屋さんに引き取られた祖母は、婿《むこ》を取り、親から受け継いだ建具屋さんを大きくしていったそうだ。

ところが父は、そんな祖母に、すごく横柄《おうへい》な態度を取っていた。

父は、祖母のことを「母さん」や「お袋」などではなく「君」と呼んでいた。祖母が少しでもわからないことがあったり、間違ったことを言ったりすると「あのね、だから君はね」と、上から目線で説明していた。私はそういう父の姿をすごくダサいと思っていた。

ちなみに、以前父と口論になったときに私が父のことを「あなたは」と言ったことがあるのだが、父は「親に向かって『あなた』とはなんだ！」とひどく怒った。「『あなた』が不満なら『君』ならいいわけ？」と喉まで出かかったが、さすがにやめておいた。プライドの高い人って、ほんとうに面倒くさいなと思った。

祖母の死後、父は事業に失敗し、筋の良くないところからお金を借りてしまったという。

「そのお金を返さないと、お父さんはヤクザにボコボコにされてしまうんだ。代々守ってきた家も、売らなくてはいけなくなってしまう」と私に電話してきた。

ぶっちゃけ交通の便もさして良くないど田舎の家なんて、あってもなくてもどうでもよかったけれど、ヤクザにボコボコにされるのはよろしくない。困った私は、ひろゆき君に相談した。

ひろゆき君は、北海道のほうに自分の知り合いがいて、そこで仕事を紹介してあげられるかもしれないから、北海道に逃げたらどうかと提案してくれた。

それを父に話すと、なんと嫌だと言ってきた。そしてこう続けた。

「お父さん、人に使われて働いたことがないんだ。だから、いまさら人の下について働くなんてできない」

私は心底「こいつバカなんじゃないの」と思った。

「あんたさ（もはやお父さんと呼ぶのをやめた）、自分の命と、そのくだらないプライド、どっちが大事なの」と私が言うと、父は「お父さんは、人の下で働くくらいだったら死んだほうがましだ」と答えた。

それで私は、父を助けるのをあきらめた。

ひと月くらいして、父の携帯電話が通じなくなり「ほんとうに死んだのか」と、わりと本気で心配した。父の実家の固定電話に電話をかけると通じて、何回かの呼び出しのあとに留守番電話になった。

「もしもし、ゆかです。何度かけても携帯が通じないから、心配になって電話しました」と、メッセージを残した。

するると、翌日、知らない番号から電話がかかってきて、出ると父だった。そして、例のヤクザから逃げるために、友人の家で匿《かくま》ってもらっていることを聞かされた。

「私が留守電に残したメッセージは聞いたの？」と私がたずねると、驚愕の事実を告げてきた。

「家のものをヤクザに取られないように、あの家にはいま、用心棒を置いてるんだ。留守電のことは、そいつから聞いたから大丈夫」

「え……」

と言ったまま私は言葉を失った。

「大丈夫。ヤクザに対抗するために、お父さんもちゃんとその筋の人を連れてきたんだ」

ぜんぜん、大丈夫じゃないんですけど。

私は黙ったまま「その筋の人」が、息をひそめて私の留守電を聞いている様子を想像して身震いした。

その後父は、そこまでして守りたかった自分の生まれ育った家を守ることができず、けっきょく家は売られてしまった。そして、生活保護を受けて暮らした。

人の下で働くのは嫌なのに、生活保護のお世話になるのはいいんだ、と呆れてなにも言えなかった。そして、父の守りたいものって虚しいものばかりだと思った。

父との決別

ヤクザとの攻防の件で、しばらく父と連絡を取るのを控えていたのだけれど、母の葬儀をきっかけに、また連絡を取り合うようになった。

キングオブクズの父であるものの、関係を修復したいと思った。一緒に住むのは絶対に嫌だけど、遠くからでもお互いの幸せを思える関係でありたいと思ったからだ。

母が亡くなった翌年、今度は祖父が亡くなり、葬儀には父にも参加してもらった。

でも、このときをきっかけに、私は父に対して完全に心を閉ざすことになる。

葬儀のあとの親族だけの食事の場で、父はかつて、自分が賭け麻雀で2000万円も借金を作ったという話を、まるで武勇伝かのように語って聞かせた。

目の前の席で話を聞かされていたのはひろゆき君だった。彼は、ただただ苦笑いをしていた。あのひろゆきですら、コメントに困る父なのである。

食事が終わると、私は父に背を向け、ひと言も口を利かないで帰った。そして、家に戻ってから父にこうメールを送った。

「あなたがおじいちゃんの葬儀で笑いながらしゃべっていた借金のおかげで、あなたとお母さんは離婚しました。その後、私がどれだけ苦労したかわかりますか。どれだけお金のトラブルに巻き込まれて嫌な思いをしてきたかわかりますか」

父は「そんなつもりじゃなかった、ごめん」と返事をしてきたけれど、私の気持ちはもう元には戻らなかった。**父との関係を修復できたらなんて殊勝《しゅしょう》なことを考えていた自分を、ほんとうに哀れに思った。**

母も亡くなり、私の幸せを願ってくれる親はやっぱりもういないんだと思い知った。

その後、しばらくして、私とひろゆき君はフランスに移住した。

移住先が決まったときも、父には住所を伝えなかった。「携帯電話を解約するので、なにか用があればメールをしてください」とだけ書いたメールを送った。

結局、それから父に会うことは二度となかった。

空虚な死に別れ

フランスに移住してから3年ほど経ったころ、父からメールがきた。

「ステージ4の胃がんです。でも大丈夫だから心配しないで」と書いてあった。

大丈夫ならそもそも「ステージ4の胃がんです」なんて言わないし、きっと大丈夫じゃないから連絡してきたのだと理解した。母のときの経験があったから、父の年齢でがんがそのステージだとしたら、先はもう長くないということもなんとなくわかった。

本心では、父は私に心配してほしかったのだと思う。

病気のことを話せる人も、私しかいなかったのかもしれない。でも、父親として自分がなにもしてこなかったことも自覚していたから、素直に「会いに来てほしい」と言えないんだなと思った。私の心が完全に父から離れていることにも、たぶん気づいていたのだろう。

私は、母ががんになったときに「いったら行くよ」と言ってのけた父のことを思い出していた。そして「たぶん、いまの私は、あのときのあんたと同じ気持ちだよ……」と、心の中で父に言った。

実の父が死んでしまうというのに、なにも感じないことを奇妙に感じた。自分はどこかおかしくなってしまったのだろうかと心配になった。

そのときの気持ちをひろゆき君には正直に話した。

「父とは、あまりにもいろんなことがありすぎて、死んでしまうとわかっても、なにも感情がわかない。でも、無視することはできないので、どう返せばいいんだろう」と私が言うと、「なにかしてほしいことはある？　って返せば？」と言ってくれた。

なにも感じていない自分の気持ちに嘘をついて、励ましの言葉を言ったり、心配したりする必要はないこと。それでも娘として、父を放っておくつもりはないこと。必要があれば力になるつもりであること。それを伝える方法を、ひろゆき君は教えてくれたんだと思う。

私はひろゆき君が教えてくれたそのシンプルな文面を父に送った。父からは「大丈夫」と返ってきた。

ひと月ほどしてから、父から「会いにきてくれるとうれしいです」というメールが届いた。「近々帰国の予定だから、そのときに会いにいきます」と返事をしたのだけれど、父は、私が帰国する前に亡くなってしまった。

父とやりとりしていたメールアドレスに、病院からメールがあり、父が亡くなったことを知った。タイミングが悪かったのか、その数日間、インターネット回線の調子が悪く、携帯もネットも使えない状況だった。私がそのメールを読んだときには、父の死からすでに何日か経過していた。

その日のうちに亡くなったことを知っていたら、病院に連絡していたかもしれない。でも、数日経過しているということは、別の誰かが、父の遺体を引き取ったのだろうと思った。

私は病院にも連絡をしなかった。

本気で知りたいと思えば、父がどういうふうな最期になったのかというのは調べられたかもしれない。病院に連絡すれば、遺体を引き取った人の連絡先を教えてもらえただろう。でも、私は、それをしなかった。

父親らしいことなんてなにもしてくれなかった父への復讐のつもりだったのだろうか。それも自分ではよくわからない。ただ、亡くなったと聞いて初めて、自分の心がぐちゃぐちゃにかき乱されるのを感じた。

悲しいというのとも、ちょっと違う。

どんなに傷つけられても、私は心のどこかで父に期待してしまっていたのだ。そして、その期待は「死」という形で、完全に叶わぬものとなった。

お互いに歳をとったら、笑って話せるようになったりするのかな。

いつか、親子らしい会話ができたりするのかな。

そんなささやかな希望すらも、消えてしまった。

そして、叶うチャンスはもう永遠に失われたという事実が、ただただ虚しかった。

胸に穴があいたまま生きることにした

母と父がこの世からいなくなって、私の生活はすごく静かになった。

もう、彼らが起こすトラブルに巻き込まれなくていいんだと思うと、正直なところ、心の底からほっとする。

でも、やっぱり、いまでもふっと虚しくなる。


カフェでコーヒーを飲みながら仕事をしていると、隣の席から子どもの笑い声が聞こえてくる。歳のころは2、3歳くらいだろうか。

言葉もはっきりしない感じだから、なにがそんなにおもしろいのかわからない。けれど、目の前にいる母親らしき人と話しながら椅子から転げ落ちそうなほど笑っている。

その子が「ママとパパ、ずっと一緒ね」と言うのが聞こえた。

その言葉を聞いて、「そんなふうに思えていいなあ」と感じている私がいた。
こんなに小さな子が当たり前のように思っていることを、私はずっと思えなかったんだよなあとしみじみ思ったのだ。

子どもの幸せを願ってくれたり、困ったときには支えてくれたり、そういう「ふつうの親」の姿を、私は知らないまま大人になった。その事実が、私の胸に大きな穴をあけていたと知ったのは、両親が亡くなったあとだった。

大人になってわかったのは、大人は子どもより経験は積んでいるが、完璧な人間とは程遠いということだ。完璧ではない人たちが集まり、失敗から学び、支え合う。それが社会だということも知った。だから大人といえど間違うことは仕方ない。

だが、ひとつ言えるのは、子どもには罪はない。彼らはこれから学び進んでいく、大きな未来を持つ小さな存在だ。そんな、子どもたちの前でだけは、少しでも大人は良い人間であってほしいし、子どもには子どもとしての時間を与えてほしい。

親世代の年齢となったいま、自分もそういう人間でありたいと思う。

私は、ひろゆき君と仲の良い家族でいたい。

けれど、自分が親からもらえなかったものを、ひろゆき君からもらおうとは思っていない。それは、誰にも埋められないものだとよくわかっているからだ。

だから私は、その穴を無理にふさごうとせずに、そのままにして生きていくことにした。隣には、あいている穴のこともとくに気にせず、一緒に歩いてくれるひろゆき君がいる。

犬が飼えない

胸の穴をそのままにしていると、いまでもときどき、そこから冷たい風が入ってきて「さむっ」ってなるときがある。

カフェで幸せそうな親子に遭遇したとき。

家族が勢ぞろいする年末年始のイベントの時期。

自分でもぜんぜん予期しないときに、その「さむっ」がやってきたりする。

そういうことがあると、その日は気持ちが晴れなくて、ごはんもおいしくなかったりする。

そんなときのいちばんいい対処法は、人に自分の気持ちを聞いてもらうことだ。

ありがたいことに、私には自分の気持ちを素直に話せる人が何人かいる。そのうちのひとりが、中学生のときに出会って以来、ずっと仲良くしている親友だ。

数年前、彼女に話して心が軽くなった出来事がある。

実は、私はけっこう、動物が好きだったりする。

彼女のお母さんが飼っているペットの話を聞いて「いいなぁ」と私は言った。すると彼女が「そういえば、前にゆかも犬を飼ってたよね？　パトラだっけ？　もうペットは飼わないの？」と何気なくたずねた。

パトラのことは第2章で述べたが、私が小学生のときに、母が青山ケンネルで買ってきた血統書付きのシェットランド・シープドッグである。おそらく当時の母の恋人が少なからぬお金を払ったのだと思う。

パトラを初めて見た日のことはよく覚えている。

クリッとした目にスッと通った鼻筋、柔らかな毛並み、靴下を履いているような白い脚。耳には小さなリボンのヘアアクセサリーをつけ、なぜか洗濯機の上に置かれたパトラはキョロキョロと辺りを見回していた。

その日から、パトラは私の大切な家族になった。

そして、私は、そのパトラと悲しい別れ方をした。そのことが原因で、私はいままでもペットを飼えないのだ。

暗くなってしまうのが嫌で、この話を人に話したことはなかったけれど、そのときは、彼女に聞いてもらいたいと思った。

そして、こんな話をした。


私が高校2年生のときに、母と暮らしていた家を出ると、母は別のところで恋人と暮らしはじめた。けれど、そこにパトラを連れていかず、私に相談もなく、その家にパトラを置き去りにした。

そしてあるとき、母から電話があった。母は、パトラがものすごく痩せて、このままだと死んじゃうかもしれないと言ってきた。私は、パトラが病気にでもかかったのかと聞いた。すると、母は、いま彼氏と住んでいるマンションでは動物が飼えなくて、パトラは連れていっていないことを白状した。そして、ときどき様子を見にいっていたけれど、毎日ではなかったこと、今日様子を見にいったらご飯も食べず、鳴くこともしないと言ってきた。

「どうしてパトラを置き去りにしたの?」と泣きながら私が聞くと「一緒に連れていきたかったけど、新しいマンションでは禁止されているんだから仕方ないじゃない」

と言った。

そして「引き取ってくれる人をいま探しているから、あなたが住んでるマンションでしばらくパトラを預かってくれない？」と頼んできた。

そして数時間後に、母はがりがりになったパトラを抱き、私の住む松戸のマンションにやってきた。


久しぶりに会ったパトラは私が抱っこしてもずっと震えていた。

「パトラ」と呼んでも、少し苦しそうな声をもらすだけだった。

ご飯をあげても食べようとしないし、お水もほとんど飲んでくれなかった。

「私のことを育てられないと言うから家を出たのに。せめてパトラの世話くらいはしてくれると思ったのに。なんでパトラまで捨てるんだよ！」と、けれど、同時に、私も母と暮らしていた家を出ていくとき、パトラのことまで頭が回ってなかったことに気づいた。

結局私は、自分だけ安全なところに逃げたのだ。犬が欲しいと言ったのは私だったのに、パトラのことを、ちゃんと守れなかったのだ。

私の話を聞いた親友は「松戸にいたときに、そんなつらいことがあったんだね。でも、そのときは、ゆかだって子どもだったんだよ。自分の身を守ることに精一杯だっただけで、仕方なかったんだよ。そんなに自分を責めないで」と言った。

彼女にそう言われて、吹き込んでいた冷たい風が、ふと和らいだような気がした。

話したからといって、起きた出来事が変わるわけではないけれど、少しだけ救われたような気がした。

ちなみに、パトラとは松戸で2か月ほど一緒に暮らした。松戸のマンションも実はペット禁止で、父にはだいぶ渋い顔をされたが無視を決め込んだ。

パトラは最初こそまったくご飯を食べなかったけれど、一緒にお昼寝したり、お風呂に入れてブラッシングしたりした。弱っていてあまり歩けなかったので、抱っこして江戸川沿いを散歩し、土手のところで一緒におやつのパンを食べ、抱き抱えて坂道を段ボールで滑って遊んだりした。

私は、助けてくれる親のいない自分と、パトラを重ねていた。

パトラは少しずつ鳴き声が戻り、ご飯も食べられるようになった。そして、自分の足で散歩ができるようになった。

その後、母の知り合いで面倒を見てくれる人が現れ、パトラはもらわれていった。最終的にパトラは14歳くらいまで生きたと母から聞いている。

またペットを飼いたいと思ったことは何度もある。でも、パトラのことを思い出すと、その気持ちにどうしても蓋《ふた》をしてきた。パトラを見捨てた私には飼う資格がないという気持ちが消えないのだ。

実は、ひろゆき君は動物アレルギーで、ペットを飼うことができない。ペットが飼えないのをひろゆき君のせいにできることが、私にはむしろありがたかったりする。

ネガティブをポジティブに変える

私がここまで述べてきたストーリーは、いわゆる「毒親ジャンル」（そういうジャンルがあるかないかは知らないが）になるのだろうか。

この本を書くために、昔のことをいろいろ思い出すものの、途中で何度も立ち止まってしまった。

私の経験って、本にするほどのことなのかな。もっと大変な思いをしてきた人もいるんじゃないかな、と思うのだ。

そして、なにより、私はいまだにいろんなことを抱えたまま生きている。克服できていないトラウマも欠点もたくさんある。

でも友人であり、敬愛する小児精神科医の内田舞先生から「再評価」という脳の機能について教えてもらったとき、私が経験してきたことが、誰かの役に立つのかもしれないと思えた。

再評価というのは、ネガティブな感情を感じたときにいったん立ち止まり、「このようなネガティブな感情を私は感じる必要があるのか」ともう一度評価して、状況や感情をポジティブな方向に持っていく作業のことらしい。

私が過去のことをよく覚えているのは、ひょっとしたら私が子どものころから自分の身に起きた出来事を、何度も何度も再評価してきたからかもしれないなあと思ったりした。

母を筆頭に、個性豊かな大人たちに囲まれていたせいで、私の日常は決して穏やかではなかった。

なぜこんなにつらいのか、なぜこんなに問題ばかり起きるのか。スマホで撮影した動画を何度も見るように、自分の身に起きたことを、頭の中で再生してきた。心の痛みが消えるまで、そうせずにはいられなかったのだ。

大人になった私は、場の空気を読むのが得意だったり、難しそうな状況でもわりと落ち着いて対処できる図太さを、周りの人に評価される。

なにより、あの「ひろゆき」の妻をやれているということが、私のサバイバル能力の高さを証明していると言ってくれる人もいる。

そういう私の「良いところ」は、手さぐりで、死に物狂いで前に進んでいた子どものころの私のおかげだったと思えるようになった。私が「悪いところ」だと思っていたことも、そんなに悪くないかもと再評価することができた。

私の経験を本にすることが、私と同じような経験をしてきたり、いままさにその場に置かれている人たちが、自分の感じてきたことを、再評価する助けになれるといいなと思っている。

過去に起きた出来事も、そこで負った傷も、たぶん完全に消すことはできないけれど、自分が経験したことの意味は、生きているかぎり、自分で変えられる。心の穴はふさがらなくても、未来に種をまくことはできる。そんな希望を、手渡せたらと思うのだ。

第5章

整えることと楽しむこと

夫婦生活は長い会話である

ニーチェ

シェーグレン症候群

40歳を過ぎたころ、体の不調が気になって病院で検査を受けたら「シェーグレン症候群」と言われた。現代の医学では治せない難病だった。

「まじか……」私は言葉を失った。

自覚症状は、診断を受ける2年くらい前からあった。

手足のしびれとめまいだ。

フランスで近所の病院に行っても原因がわからず、脳の問題を疑われてMRIを撮るも異常はなし。「疲れてるのかな」くらいに思って、そのままにしていた。けれど、一向に良くならない。ひどいときは一日中寝ていなければならないこともあった。さすがにおかしいと思いはじめ、日本に帰国して、大きな病院で検査を受けることにしたのだった。

不調の原因がシェーグレン症候群という難病だと医師から告げられたとき「難病!?私もう死ぬの?」と一瞬焦ったけれど「いまのところ根治する治療法はないけれど、上手に付き合っていけば、すぐに命を落とすような病気ではない」と言われてほっとした。

すぐには死なないということがわかると、いままで原因がわからなかったしびれやめまいに病名がついて、ほっとする気持ちさえ生まれてきた。

そして、病名という「エビデンス」が出てよかったのは、ひろゆき君が前より優しくなったということである。ひろゆき君にはやはりエビデンスが重要なのである。

医師から説明されたこの病気への対処法は「ストレスをためないで、健康的な食生活を心がけて、適度に運動もして、睡眠をよく取りましょう」みたいなことだった。要するに、誰だってそれができれば、健康でいられるでしょ、という内容だった。

ちなみに、過去の私は、自分の体をあまり大事にしてこなかったように思う。

10代から20代にかけて患っていた摂食障害も、病院にはなかなか行かなかった。

会社員のころは、誰かが過労で血を吐いたとかいう話を聞いても「私は血は吐いてないからまだまだ大丈夫……2日間寝てないけど」みたいな思考回路だった。

「体調が悪いから休もう」「なんとなく心配だから病院に行こう」という意識が、ものすごく低かったのである。

でも、この病気になって初めて、私が若いころにバカみたいに消費していた「健康」というものが、とても貴重なものだったということを思い知った。

あるとき、知人から「子どものころに、親が熱があることに気がついてくれたり、栄養のあるものを食べさせてくれたり、そうやって自己管理を学んでいくんだよね」と言われた。そのとき、「やべえ、私そんなのしてもらったことないや……」と気づいた。

シェーグレン症候群の診断を受けて、この難病と付き合っていくしかないとわかって初めて、私は自分の体のことを大事にしようと思えた。「自分を自分で育て直す」という私のチャレンジは、45歳を過ぎたいまも進行中なのである。

病気になって自分の限界を知ることができたのは、ありがたいことだったと思う。具合が悪いのが当たり前という日常では、無理をすることがなくなった。

私はやっと、自分に優しくなれたのだ。

以前は、うまくいかないことや嫌なことがあると、そのことに対してずっと怒ったり、悲しんだりしていることがあった。でも、そういうことをすると必ず体調が悪くなるから、あまり負の感情にフォーカスしないようになった。

病気が私に、日々を穏やかに過ごせる方法を教えてくれたようにも思う。

そして、ひろゆき君という家族ができたことは、たとえ病気でも、1日でも長く、楽しく生きなくちゃね、という決意を私に持たせてくれた。


ひろゆき君が「ごはんできたよ」と声をかけてくれる。

風邪気味で食欲がないと言っているのに、食卓には大盛りの揚げ物が載っていた。

苦笑いしながら「ありがとう」と言って少し食べた。意外とおいしかった。

問題は続くよ、いつまでも

2008年、ロサンゼルスで挙式をする直前、私はひろゆき君に、自分の父と母に会ってもらった。「結婚式はするけれど、入籍はしない」という話を両親にしたら、母が「別にいいんじゃない？　籍を入れたってすぐに離婚する夫婦だっているんだし、ママたちなんて、高い式場借りて2回もお色直ししたけど、2年も経たないで別れちゃったんだから、ねえ」と父を見ながら言った。

「コメントに困りますね」と苦笑いのひろゆき君。父も「反対する理由はないね」と言っていた。

結婚のことを「ゴールイン」と言う人がいるけれど、人生は、結婚でゴールと言えるほどたやすくはない。

たしかに、ひろゆき君と結婚したことで、私はそれまでの人生に、いくつかの軌道修正を加えることができた。

けれど、ひろゆき君と家族になってからも、トラブルは次から次に起きている。

40代で難病を患ったこともそうだし、お騒がせYouTube芸人ひろゆきと誰かのケンカに巻き込まれることもある。

要するに、夫婦になると、自分の問題とパートナーの問題、両方がふりかかる。ゴタゴタが倍になるということだ。

でも私はいま、自分の人生をすごく楽しんでいる。

20代、30代、苦しんでいた自分に言ってあげたいなと思う。

がんばってたね。ありがとう。いま、ちゃんと楽しく暮らしてるよと。

最後の章では、私が、人生を楽しめるようになるまでにやってきた試行錯誤のいくつかをお伝えしたい。

トラブルだらけでも、家族ってなかなかいいよ、楽しく生きていけるよということが、みなさんに伝わるとうれしい。

「夫好き族」の教え

私には、夫のことがすごく好きだと言う友人が何人かいる。

私は、彼女たちを「夫好き族」と呼んでいる。

彼女たちの夫は、ひろゆき君に負けず劣らずなかなかの個性派ぞろいだ。

ゲームに夢中で子どものお迎えの予定を忘れてしまったり、一緒に歩いていても自分のペースでズンズン先に進んだり、用件も語らずに、突然LINEにURLだけを送ってきたり、部屋をいつでも散らかしていたりする。

けれど、彼女たちは、私と違ってそういう夫と闘わない。

「仕方ないなあ」というスタンスで許している。私は、あなたたちがそうやって甘やかしているから、夫が付け上がるんでしょうよと思っていた。

しかし、フランスに住んで間もないころ、ひろゆき君も一緒に通っていたフランス語の語学教室で知り合った夫好き族のひとりに「イラッとしたり、嫌いになったりしないの?」と聞いてみると「ならないよ。ほかにいいところがあるから」という答えが返ってきた。

そんな海のように広い心は持てないと私が思っていると、彼女は次の話をしてくれた。

翌週に日本に帰る予定だったひろゆき君が、次の授業を欠席することを先生に連絡していたときの話だ。

私はその日、風邪かなにかでクラスを休んでいたのだが、友人がひろゆき君に「毎月お仕事で帰るの大変ですね」と言うと「まぁでも飛行機に座って映画観て、寝てれば着くので」とひろゆきらしい回答をしたのちに、しばらくしてから「うちの彼女をよろしくお願いします」とペコペコとお辞儀をしたらしい。

「ひろゆきさん、なんだかロボットみたいにいっぱいお辞儀していたよ」と微笑《ほほえ》みながら友人は教えてくれた。なるほど「ほかにもいいところがある」というのは確かにそのとおりじゃないか。

以前、再評価について教えてくれた小児精神科医の内田舞先生から、こんなことを聞いた。

人間は「快」よりも「不快」のほうに強く反応するそうだ。太古の昔には、不快が命の危機に直結していたから、生存本能としてそういうふうにできているらしい。

けれど、現代社会は、そんなにつねに命の危険にさらされているわけではない。だから、その生存本能を、チューニングする必要があるのだ。

夫婦においても、人は、不快なこと、嫌なところ、悪い面ばっかりを見てしまいがちだから、意識的にいい面にフォーカスする。それが、仲良くいられる秘訣なのだと学んだ。

夫婦は超長期プロジェクト

一時期、ひろゆき君とものすごく仲が悪くなってしまった時期があった。

小さなことでしょっちゅうケンカになったり、自分の体調不良や仕事のストレスなど、いろいろなことが重なったりして、気づくと私は、鬱《うつ》のような状態になっていた。

あるときなど、きっかけ自体は覚えていないくらいに些細《ささい》なことだったのだが、そこで蓄積された日々の不満が爆発し、怒り狂った私は、「死んでやる！」と叫んでベランダから身を乗り出し、ひろゆき君に引きずり降ろされたこともあった。

私はそれでひどく落ち込んだ。

なんでこんなことになってしまうんだろう。私はやっぱり仲の良い家族をつくれない人間なのかもしれない。もう、離婚しよう。

そんなことを当時は本気で思っていた。

けれど、いまもまだ無事に夫婦をやっている。

夫婦の在り方について「添い遂げる」という表現がある。

もしほんとうに、私とひろゆき君が死ぬまで一緒にいられたら、50年以上一緒にいることになる。想像もつかない長い長い時間だ。

そして夫婦は、その50年のうちに、子どもが産まれたり、仕事が変わったり、親の介護をしたり、さらには自分たち自身が病気になったり介護される側に回ったりすることになる。その時々で生活環境は目まぐるしく変わるだろう。

「仲が良いときや悪いときがあって当たり前か」としみじみ思ったりする。

夫婦は人間関係の最小単位だなんていう言い方もあるけれど、冷静に考えてみれば、人生のうち、50年以上も同じ人と、四六時中一緒にいるというのは、かなり特殊な人間関係だと言っていいと思う。親とも友達とも、そんなに長くは一緒にいない。

仕事にたとえると、特殊性がもっとわかりやすいかもしれない。10年計画プロジェクト、20年計画プロジェクトくらいは聞くけれど、50年計画のプロジェクトなんてあまり聞いたことがない。要するに、夫婦でいようとすることは、未曽有の超長期プロジェクトへの挑戦と言ってもいいように思うのだ。

そして、そんなふうに夫婦をとらえ直すと、たとえいまは仲が悪くても、20年後にまた仲良くなっているかもしれないじゃん、と思えたりする。

そして、トータルで見たら、仲が良い期間のほうがちょっとだけ多かったから、私たちまあまあうまくいっているよね、という気楽な感じで夫婦を続けていける気がしている。

「ごめんなさい」を言えないひろゆき

ひろゆき君は、謝らない。

「ごめん」とひとこと言えば済むような話が、ものすごくややこしくなる。

そのうえ、それで私が怒っても怒られた理由はすぐ忘れるくせに、怒られたという事実だけはきちんと記憶していて「彼女がすぐ怒るんです」とSNSやYouTubeなどで吹聴される。

そのやり取りを「微笑《ほほえ》ましい」「かわいい」と表現する方もいる。たしかに、他人事として見れば笑えるかもしれない。しかし、ともに暮らすパートナーという視点では大問題だ。

「自分がされて嫌なことはするのをやめましょう」という教え方を昔はしていたような記憶があるが、どちらかというと「(悪意の有無にかかわらず) 相手が嫌がることをするのはやめましょう」なのではないだろうか。

そして謝らなくても、せめて相手の嫌がる行動をあらためたり、やめたりするべきじゃないのか？　そんな小さな子に言い聞かせるようなことを、アラフィフという、もう十分に大人であろう相手に、日々言い聞かせているのが西村家なのである。

よく「他人は変えられない」と言うが、ひろゆき君に行動をあらためさせるのは、ほんとうに骨の折れる仕事だ。

以前、ひろゆき君が私の手の甲の血管を触ってくるという謎の行動をしてきたことがあった。「気持ち悪いからやめて」と私が言っても、ぜんぜんやめようとしない。「おいらは大丈夫だよ」「どんな触り方だと気持ち悪くないの？」そしてあげくの果てには「嫌なことが減ったほうが人生楽しいよ」などと言うのだ。

でも私はあきらめない。平穏な自分の生活を取り戻すために同意と不同意の違いをかけてひろゆき君と闘う。

どうするかというと、ひろゆき君が嫌がることをやり返すのだ。

ひろゆき君は、人に裸を見られるのがあまり好きではない。人に誘われたらプールや海で水着になるし、温泉にも入るけれど、自分から喜んで行くタイプではない。

血管を触られることが私にとってどんなに嫌なことかを知らしめるべく、私は、ひろゆき君がお風呂に入っているときに、スマホで撮影しながら浴室へ行った。

「なにやってんの？　そんなことしたらおいらかわいそう！」とひろゆき君が怒った。

「私は嫌じゃないから、私の写真も撮っていいよ」と言い返す。

すると「嫌がらせのつもり？」と本気でひろゆき君も不機嫌になってくる。

「じゃあ、血管触るのもやめてよね。君にとっては平気なことでも、私にはすごく嫌なことなんだから」と言うと「わかった」とやっとひろゆき君が言う。


こういう、ほんとうに傍《はた》から見れば笑ってしまうような馬鹿馬鹿しいやりとりだが、当事者にとっては、同じようなことが続くと正直しんどいときもある。でも、私には心強い味方がいる。ひろゆき君のご両親とお姉さんだ。


ひろゆき君という自分で選んだ家族を持った結果、彼の家族との新しい関係性もできた。世間では義実家との仲についての悩みをよく聞くが、私の場合はだいぶ良い。

「聞いてくださいよ、ひろゆき君が」と私がこぼすと、「わかるわー！」と私よりも古くから彼を知る人たちの共感の声が、西村家実家の食卓に響く。

「ゆかさんは、なにも悪くないのよ」の声に自己肯定感を高める私、聞こえない素振りで、お父さんとテレビを観るひろゆき君。そんな新しい家族との連携プレーも、夫婦の関係維持の秘訣のひとつかもしれない。

生きているうちに話し合いができますように

私たちの夫婦ゲンカの内容は、「頼んだことを忘れている」とか「予定が変わったのに連絡がなくて困った」など、どこの夫婦にもありそうな普通のものだと思う。でも、ちょっと特殊なのは、そのケンカが、ほぼすべて「テキスト上」で行われるということだ。

私たちのケンカは、離れた場所で、スマホを見つめ、テキストメッセージを送り合うという、絵面としてはすごく地味なものだ。

私たちにこのファイトスタイルが定着したのは、ひろゆき君から「テキストでやりとりをしたい」という提案があったからだ。

一緒に暮らすようになった当初は、ちゃんと対面で口論をしていた。

でも、あくまで内容が事実かどうかにこだわり、伝え方には気を配らないひろゆき君と、言い方や声のトーンにも反応してしまう私。そしてヒートアップしていくと、互いに論破傾向になってしまい、話し合いのはずだったものがケンカに発展してしまう。

こういう「伝え方の違い」「表現の違い」がネックになって、ほんとうに話し合いたいことを伝えられないことがよくあった。

彼から「テキストでやりとりする」という提案を受けたとき、最初は少しショックだった。もう、私とは面と向かって話をしたくないという意味なのかと思ったからだ。2人の間に溝《みぞ》ができてしまったように感じた。

けれど、そんな心配をよそに、一緒に食事をしたり、仕事について雑談したり、ふだんの会話というのは普通にあった。

ともに生活するうえで、これは問題だと思うことだったり、私はこういうことをされるのは嫌なので、自分にそれをするのはやめてほしいと思ったりしたときにはテキストでメッセージを送った。

そして、私のメッセージにひろゆき君が返信をする。

その返事に納得がいかなければ、さらにテキストでメッセージを送る。

そうやって何度かやりとりをするうちに、不思議と冷静になれる。

「あなたはそう思うのね。でも、私の考えはこうだから、この部分は受け入れてほしい」

そういうやりとりの中でひろゆき君が行いをあらためてくれること（めったにない）もあれば「それはできない」と平行線で終わってしまうこと（だいぶ多い）もあるけれど、考え方や感じ方が違うということを、お互いに言葉で確認して、静かに伝え合うことができるのはとても良いことだと思うようになった。

さらに、このファイトスタイルのメリットは、対面で話しているときは、ケンカをしない、できるだけ仲良くするという暗黙の了解が生まれたことだと思う。


いつも夫婦で言い合いになってしまう、という人にはこの方法をすごくおすすめしているのだけど、実践したという話はあまり聞かない。

やっぱり、顔を見て、言いたいことを言い合うのが良い夫婦であるという感覚があるのかなと思う。

かくいう私も、ひろゆき君と対面しても、ケンカにならない懐の深さを身につけられるといいなと憧《あこが》れていたりする。願わくば、生きている間に対面で話し合いができるようになりますように。

余談だけれど、私たち夫婦が、珍しく対面でひどいケンカをしているところに同席していた人物がひとりいる。ABEMAの「高橋P」である。

高橋Pが企画した『世界の果てに、ひろゆき置いてきた』という番組で、ひろゆき君はアフリカへ行くことになったのだけれど、スケジュールや期間について、私への確認はまったくなかった。

「8月に、アフリカへ行きます」といきなり報告され、すでに入っていた日本への帰国の予定や、家族や友達のスケジュールを慌てて調整させられた。それだけでも私は少し怒っていたのに「3週間だった滞在期間が4週間になりました」と、これまた事後報告され、そこで怒りが爆発した。

「なんでも私が合わせると思ってるんだよね」と私が言うと、彼は「ごめん」のひと言もなく「じゃあ何日ならいいわけ?」と言った。「なにその開き直った態度、おかしいよね?」と私が詰め寄った。

ホテルの一室で向かい合って口論する私たちを、高橋Pが神妙そうにじっと見つめていた。そのとき、私はあることに気づいてしまった。

「高橋Ｐの位置からカメラを回したら、すっごくいい画が撮れそう」

そこに想像力が働いたとたん、こんな状況で番組の撮《と》れ高《だか》を気にしている自分が馬鹿馬鹿しくなり、アフリカ行きを受け入れたのだった。

役割分担の見える化のすすめ

「私の家事負担が大きすぎる」という不満を発端としたいくつかの激しい夫婦ゲンカを経て、あるとき、ひろゆき君が「家事1日交替制」を提案してくれた。

と言っても、ひろゆき君は掃除が大嫌いで、洗濯物もまっすぐ干せない。だから、実際のところは、ひろゆき君は夕飯を作っているだけなのだけれど、それでも私の負担はぐんと減った。

でも、ひろゆき君が「わが家は家事を1日交替でやっています」と偉そうに言っているのを聞くと、「夕飯だけな！」と突っ込みたくなる気持ちを抑えるのに苦労する。読者のみなさんにだけはわかっていてほしい。彼が担当しているのは1日おきの「夕飯づくり」だけです。

ちなみに、この交替システムを私たちは、ちゃんとエクセルで管理（これもひろゆ

き君の提案だ）している。口約束なんかでは済まさない。

このエクセルに、当番をキャンセルした日も、全部記録しておく。すると、交替制と言いながら、私のほうが明らかに出番が多くなっているときがある。それが、ひろゆき君にもひと目でわかるというわけだ。

すると、ひろゆき君は、いそいそと淹れたてのコーヒーを出してくれたりする。

ここで大事なポイントは、そういうときに「こないだ当番サボったからコーヒーくらい淹れて当たり前」のように思っても、そんな態度はとらないことだ。

むしろ、少々大げさにでも感謝を伝えよう。

すると、またやってもいいかなと相手は思う。

こうして、いつの間にか夫の担当家事がひとつ増える。

この手法で、手作りヨーグルトを作ったり、トイレットペーパーを補充したり、ちょっと壊れたものを修理することなどが、わが家ではひろゆき君の担当になった。

「夫が家事をなにも手伝ってくれない」「私の仕事が多すぎる」と感じている妻は多いと思う。けれど、ひろゆき君のように、ちゃんと数値でどのくらい多いのかを示されて初めて、実感する夫はけっこういるのではないかと思う。

妻のほうも「なんか、最近私ばっかり家事やってる気がする」と言いたいときに、夫に「いつ、どれくらい負担が多かったのかエビデンスを出せ」などと反論されると面倒になって、結局、我慢してしまうこともあると思う。


もちろん、体調不良だったり、仕事が忙しくなったり、ルールだけではうまく回らないときも多々あるだろう。そういう場合に、助け合って暮らしを成り立たせるのは当たり前である。でも、当たり前であるからこそ、ほんとうはしないといけない感謝を人は忘れてしまうのだ。

お互いが家庭の中で担っていることはなんなのか、暗黙の了解のようになりがちな家事分担を、見える化しておくのは、感謝のタイミングを逃さないためにすごく重要だと思う。

そして大事なことだが、いったん役割を任せたら、必要以上に相手のやり方に口出ししないことだ。夫が家事をやるようになったはいいが、やり方が気に入らないと文句を言ってケンカになるという話をたまに聞く。

より良い方法を提案することは建設的だと思うが、人には人のやり方というものがある。相手のやり方を尊重できないくらいなら、そこは割り切って自分でやったほうがいいだろう。

ちなみに『世界の果てに、ひろゆき置いてきた』の映像を見て驚いた。アフリカで、ひろゆき君がきちんとハンガーに左右対称に服をかけ、伸ばして干していたからだ。「ちゃんと干し方、知ってるんじゃん」と放送後に私が突っ込むと「アフリカでは脱水ができなくて、びしょびしょのままハンガーにかけたら、自然とあの状態になった」と教えられた。

みなさん、びしょびしょのまま洗濯物を干せば、ちゃんとハンガーにかけられなくても、重みで均等になるそうですよ。アフリカ以外であんまり役に立たないひろゆき流、家事のコツでした。

「どっちでもいい」を増やしていく

昔、私は、デスクやダイニングテーブルに、ティッシュの箱がそのまま載っていることが許せなかった。ティッシュはスタイリッシュなティッシュボックスにいれるべきという信念を、なぜか持っていたのである。

ひろゆき君と暮らすようになり、ちょっとでも気を抜くと、鼻をかんだティッシュが床に散らばるようになった。そして、洗濯した服とこれから洗濯に出す服をごちゃ混ぜにされた。あるいは、いつ使ったかわからないマグカップがそこかしこに並んだ。

ひろゆき君に注意することが多すぎて、ティッシュ箱にまで気を配れなくなった。

いまでは、わが家には堂々とネピアやエリエールがそのままの姿で鎮座している。

こうなってみて初めて、ティッシュの箱問題が、私にとって実は「どっちでもいい問題」だったということに気づかされる。

言い換えれば、ひろゆき君と暮らすということは「嫌」と「好き」の間にある「どっちでもいい」の領域を拡大していくことでもあった。

それは、私の感性が鈍化したとか、ひろゆき君に敗北したというようなことではない。むしろ、私にとって真にストレスになることや、どうしても嫌なことがわかるようになって、よけいなことで怒らないですむようになった。

ウェブデザイナーという職業のせいもあると思うが、1ピクセルのずれも気になる私は、「こだわりは大事」と思っていた。

でも、いまはそんなにこだわらなくたって、幸せになれるんじゃないかとすごく思う。**きっと、楽しく生きていくために必要なのは「こだわり」じゃなく、「どっちでもいい」を、ちゃんと自分でわかっていることなのだ。**

「好き」や「嫌い」がわかっていることももちろん大事だけれど、「どっちでもいい」を知っていると、人に優しくなれるから。

そんなことを、今日もひろゆき君の部屋で掃除機をかけながら思うのであった。

ギフトに目を向ける

私はずっと、自分のことが好きじゃなかったと思う。

そして、そう思っていたときは、なんとなく毎日がつまらなかった。

母のせいでお金の問題にはいつも頭を悩ませてきたし、父も私に無関心で助けてくれなかった。家庭は言い争いが絶えず、一家団欒《だんらん》の記憶も、親から大切にされた記憶も、ほとんどない。

10年以上も摂食障害だったし、ウェブデザイナーとしてもそんなに秀でているわけじゃない。

そんな自分の人生は、けっこう最悪だと思って生きていたと思う。

でも、30歳になったころ、そんな自分への見方が180度変わる出来事があった。

フィリピンの語学学校に短期留学したときのことだ。

留学のきっかけは、ひろゆき君といつか海外で暮らしたいという夢を持つようになったことだった。そのときに備えて英語力を身につけておきたいと思った。

留学先の語学学校には、同じ敷地内に、現地の子どもが通う小学校があった。その子どもたちがあるとき、歌を歌ったり、踊ったりするのを見せてくれた。

はっきり言って、踊りも歌もそこまで上手ではないんだけれど、とにかくみんな楽しそうだった。

「ゆかも歌ってごらんよ」と子どもたちに誘われて、私は恥ずかしがりながらも、みんなと一緒に歌ってみた。すると、みんなが私の声を「なんてきれいな声なんだ！」と大げさに褒《ほ》めてくれた。

そして「ゆかは何歳なの？」と聞いてきた。「30歳だよ」と答えると「まさかそんな年上とは思わなかった」とみんな驚いた。そこにいたおばちゃん先生まで「どうやったらそのスタイルを維持できるの？」と真剣に聞いてきた。

「なにもしてないよ」と照れながら答える私に、そのおばちゃん先生が言った。

「じゃあ、あなたはたくさんのギフトをもらったのね」

その言葉に雷に打たれたような衝撃を受けた。

いままで自分は、ちっとも恵まれていないと下を向いて生きていたからだ。

いつも誰かをうらやましがっていた。

でも、私には「ギフト」がこんなにあるじゃないかと教えられたとき、たしかにそのとおりだと思ったのだ。


海外で暮らすという夢を描けること。

留学したいと思ったときに、留学できる時間やお金の自由があること。

生活を支えるための仕事があること。

会いたいと思える友達がいること。

私の帰りを待っていてくれる家族がいること。

そのすべてが、私へのギフトだったと気づいた。

それに気づいてから、私は少しずつ、自分を好きになっていったのだと思う。

人は、抱えている問題が全部片付いたり、望みが叶ったり、仕事で成功したりしたら自分を好きになれると思うかもしれない。でも、たぶんそれは、順番が違うのだ。人生がハードモードに思えるときこそ、人は自分を好きでいなきゃいけないのだと思う。


小さなことでいい。

朝ちゃんと起きられたとか、ごはんを作って食べられたとか。

誰かのやさしさに感謝できたとか、きれいなものを見て心が動いたとか。

つらいときこそ自分が得られたギフトに目を向けてみよう。

ギフトを受け取っている自分に気づけると、自分を大事にしてあげたいと思える。

そう思えたときに、問題に立ち向かうすごい力が湧《わ》いてくるのだ。

シェーグレン症候群という病気になって、なおさら私は自分を大事に思えるようになった。

すると、いままで普通のこと、あたりまえのことだと思っていたことさえ、ギフトだと思えるようになった。

どんなときも、私は自分の幸せを見つけることができる。

それが、いまの私が人生から受け取った最大のギフトだと思っている。

「わかろうとしない人」とは距離を取る

コロナ禍で「夫婦ゲンカが増えた。どうすればいいか」という相談を何度か受けた。

私は「ケンカすりゃあいいじゃん」と実は思っている。

ケンカって、上手にやれば、ぜんぜん悪いものじゃないと思うから。

ただし、ケンカをするなら、する価値がある人としたほうがいい。

私はいままでの経験から「わかり合えない人」には2種類いるということを理解している。

「わかろうとしない人」と、「向き合う努力ができる人」である。

前者が私の母や父で、後者がひろゆき君だ。

私から見て「わけがわからん人」「私を振り回してくる人」というのはどっちも同じだが、それぞれが立っている場所は、まったく違う。

ひろゆき君は、時間がかかるかもしれないけれど、私のことを理解しようとしてくれる。相手との考え方の違いを、受け止めることもできる。だから私たちは話（ケンカ）をする。

一方で「わかろうとしない人」とは話をしないほうがいい。つまり、距離を取ることがいちばん良い対処法だと思う。

そして、「わかろうとしない人」に関わると、わかり合いたいと期待した人のほうが、ダメージを食らってしまうから気をつけてほしい。あなたがどんなにがんばっても、たぶん、その人とわかり合うことは一生できないからだ。「この人とは話しても無駄だ」と気づいた人のほうから離れるしかない。

摂食障害のこともそうだけれど、かつての私は自分の悩みについて、ほとんど誰にも話すことはなかった。そんな話を聞いても、その場の空気が重くなるだけだろうなと思っていたし、かわいそうな子だと、人から思われるのが嫌だった。

逆境だったり、湿っぽかったりするエピソードもできるだけ明るく、楽しく見えるように、いつも心がけていたように思う。そういう自分のことを、私はわりと気に入っていた。

でも、要するにそのころの私は、人を信じることが上手にできなかったんだと思う。

ひろゆき君と出会って、思ったこと、感じたことを言っても離れていかない人がいるということを知った。たとえ考え方や意見が違っても、人は仲良くできるし、一緒にいられることがわかった。そして、そういう人を自分が求めていたということにも気づかされた。


「ひろゆきさんとどうして一緒にいられるんですか」と、自由すぎるひろゆき君に手を焼いている人たちからよく言われる。

その答えのひとつは、ひろゆき君がちゃんと話ができる相手だから、である。

ひろゆき君はたしかに変わっていると思う。ほかの人が考えないようなことを考えるし、ほかの人が考えてくれることをまったく考えてくれなかったりする。

無邪気に傷つけられることもある。

けれど、彼は、人の話をちゃんと聞ける人なのだ。

そして、なにを言われても、自分の軸がぶれることがないので安心できる。

ひろゆき君が傷つきやすい人だったら、私は一緒にいられただろうか。ひろゆき君が固定観念や常識にとらわれる人だったら、私は自分の家族のことを話せただろうか。

結局のところ「なんでも話していいよ、おいらは気にしないよ」というひろゆき君のスタンスに、私はずいぶん救われてきたのだと思う。

だから、ひろゆき君の話を聞きたい人、相談したい人がたくさんいる理由も頭ではわかるのだ。でも、「家族との時間を大切にしろ」などと配信で偉そうに言っているひろゆき君を見ると、やはり「お前もな！」と突っ込まずにはいられない私がいる。

スパルタゲーム修行

女性誌のインタビューなどで、「夫という支えを得たことで、私は強くなりました」というようなフレーズを見かけることがある。もし、私も夫婦についてのインタビューを受けたら、いつか同じようなのをやってみたいと思っている。

「ひろゆき君に出会って、私、強くなったんです。精神的にですか？　まぁ、それもありますね。え？　愛されている安心感？　どっちかというと、次になにが来るかわからないスリルのほうが大きいですかね」

ひろゆき君と暮らしはじめたころ、私はまだ会社勤めをしていた。

仕事を終えて家に帰ると、たいていひろゆき君は、筋金入りのゲーマーたちとゲームをしていた。

「ここはおいらが行きます」

「そっちお願いしていいですか」

と、熱狂するゲーマーたちをちょっと引いた目で見ていたら、「君もやってみたら？」とひろゆき君に誘われた。

それまでゲームなんてほとんどやったことがなかった私は、最初はもちろんついていけなかった。ルールや操作方法を覚えるのもかなり苦労した。

「マリオ」とか「バーチャファイター」くらいしか知らない私は、ゲームといえば敵を撃ち続けるとか、ラッキーアイテムをゲットするといった、すごく単純なものだと想像していた。けれど、彼らがやっていたゲームは、協力プレイもあるし、戦略的に相手のウラをかくような思考力も必要なゲームだった。

戦力にはならずともいいから、邪魔にだけはなりたくないっていうか、こいつらにバカにされたくない。

そんなプレッシャーから、私は必死にそのゲームを覚えた。そうするうちに、とりあえず一緒に楽しめるまでの腕前にはなった。

ある日、会社の同僚たちがゲームをしていた。いつもひろゆき君たちとやっているゲームだった。

「あ、私もこのゲームやったことあります。ぜんぜんうまくないですけど」

そう言うと、やったことがあるなら参加してと言われた。

「ちょっとやったことがあるだけで、ほんとうに下手ですよ」

謙遜ではなく本心からそう言って、ゲームに参加した。


すると、どうしたことだろうか。

みんな、へったくそだった。

なんなら、私が場を仕切っていた。

「ちょっと、そこ空いてますよ！」

「ここは私が行くんで、そっちお願いします！」


よくよく考えてみてわかった。

ひろゆき君たちは、1日8時間以上もゲームをやっていたのだ。

そこに交じって私は修行したのだから、昼間、真面目に働いているサラリーマンの彼らが、かなうわけもない。

私にとって、ひろゆき君との生活は、まるで精神と時の部屋にいるようなものなのかもしれない。知らないうちに、驚くほどなにかがうまくできるようになっているのだから。

一緒にいる理由

結婚前のある日、ひろゆき君の家に遊びにいく途中で、私はスカートを衝動買いした。すぐに穿いてみたかったので、タグを切るためにハサミを貸してほしいとひろゆき君に言った。でも、彼の家は、いつもすごく散らかっていて、ハサミはぜんぜん見つからなかった。

「これでいっか」と言って、彼は私にアーミーナイフを渡してきた。

初めてその小さな道具を見た私は困った。

「え？　知らないの？」と言いながら、ひろゆき君は、アーミーナイフの使い方を教えてくれた。つまんだり、押し出したりすると、ナイフのほかに、栓抜きや缶切り、いろいろな道具が出てきた。

「はい、自分でナイフを出してみて」

と、ひろゆき君が言った。

「えーっと、ここを押して、あれ、違うな。どうだっけ」

ようやくナイフを出し、スカートのタグを切ることができた私に、ひろゆき君がこう言った。

「ひとりでできたじゃん」

そのとき、私は思った。

なにかを代わりにやってくれた人はいままでもいたけれど、自分でできるよと応援してくれた人は、ひろゆき君が初めてだなぁと。

ひろゆき君のそういうところを、私はきっと好きになったんだと思う。


少し前、ひろゆき君が配信でこんなことを言っているのを聞いた。「ゆかさんのいいところはどんなところですか」という視聴者からの質問の答えだったと思う。

「なんでも、ひとりでできるところですかね」

フランスへ移住しても、友達を勝手に作って楽しそうにやっている私を見て、そう思うのだとひろゆき君は言った。

ひろゆき君はなんでもすぐに忘れてしまうから、このアーミーナイフのことも、そのとき自分が言ったことも、もう覚えていないかもしれない。

でも、私がそんなふうに「ひとりでできる人」に変われたのは、ひろゆき君のおかげだ。

彼が私のことを「ちゃんとひとりでやれる」と言ってくれたから、私は彼と一緒のときも、そうじゃないときも、楽しく生きていられるのだ。

一緒に暮らすって味わい深い

母や父が亡くなってから、日々のふとした瞬間に、昔のことをよく思い出すようになった。

でもそれは、嫌だったことというより、ほんとうに普通の、何気ない日常の1コマなのである。

たとえば、私とひろゆき君は偶然顔の同じ位置にホクロがある。私がそれを指摘すると、彼は「おいらの真似《まね》っこ」と得意気に返してきて「なんだそれ？」という感じなのだが、そのときにふと、父と住んでいたときのことを思い出した。

私たちは居間で一緒にテレビを見ていた。父はソファに、私は床にクッションを敷いて座っていた。ふと父のほうを向くと、父の膝小僧が目に入った。それは私と同じ形をしていた。

「お父さん、膝の形が一緒だね」と私が言うと、父は自分の膝を見て「あ、ほんとうだ！」と嬉しそうに答えた。

多感な女子高生だった私は、喜ぶ父を見て「そんなことで喜んじゃって」とひねくれた感想を抱きつつも、やっぱりこの人とは親子なんだな、とまんざらでもない感情を抱いた記憶がある。


またフランスで知りあった友人が、大学生の娘さんと一緒に遊びにきてくれたとき、彼女が私の女子高生だったころの写真をたまたま見て「え！　ゆかさんめっちゃかわいい！」と言ってくれた。お世辞だったのかもしれないけれど、すごくうれしかった。そして、自分が女子高生のときに流行ったものや好きだった人の話を彼女に聞いてもらって、すごく楽しい時間を過ごした。

21歳の彼女と45歳の私。母と私の年齢差とちょうど同じだ。母もこんなふうに、娘の私のことを見ていた瞬間があったのかもしれないと想像した。

「ママも昔は綺麗だったのよ」と母はよく私に言っていた。それを聞いた私は、どうして昔の話ばかりしてるんだろうと思い、「はいはい」とあまり相手にしなかった。

でも、それだけではなく「別にいまでもじゅうぶん綺麗だし、かわいいと思うんだけどなあ」とも実は思っていた。だけど、思っているだけでちゃんと言葉では伝えなかった。「ママは、いまでもかわいいよ！」って、私ももうちょっと母に言ってあげればよかったなと思った。

私の両親は理想の両親だったとは言えない。けれど、私と両親の間にも、たしかに「ふつうの暮らし」というものがあったのだと思い出せるとほっとする。

彼らとは、つらいことや苦しいこともあったけれど、悲しみや痛みは、時間とともに和らいでいった。

もしかしたら、最後まで私の記憶の中に残り続けるのは、こういうふつうの日常、あたりまえの暮らしのほうだったりするのかなと思う。

そう思うと、つくづく、誰かと一緒に暮らすって味わい深いことだと感じる。

そして、ひろゆき君とのいまの日常も、そうやって消えることのない思い出になっていくんだろうなと予感する。

だから今日も、ささやかななんでもない日常を大切に生きていきたいと思うのだ。

あとがき

子どものころ、出かけるときによく祖父が玄関先まで見送ってくれた。

「いってきまーす」と私が言うと、祖父は「いっといで」と返し、笑いながら「転んだら起きるんだよ」と続ける。

「そんなの当たり前じゃん」と、当時は適当に聞き流していたのだが、大人になって、悲しいこと、つらいこと、しんどいなぁと思うような出来事に遭遇したときに、この言葉を思い出すようになった。

「たとえ転んだとしても、また起きあがればいいじゃないか」って考えると、いろんなことが少し楽になる。「転んだら起きるんだよ」なかなか良い言葉じゃないかと思っている。

ひろゆき君がメディアで知られるようになってから、「よくずっとひろゆきさんと一緒にいられますね」「なんで冷静にひろゆきさんに突っ込めるんですか」みたいなことを言われることが増えたのだけれど、私にとっての彼は、時として宇宙人的な部分はありつつも、試行錯誤すればきちんとコミュニケーションの取れる生命体だ。

そして、これまでの人生において、わかり合い、会話ができるということがいかに大変かを経験していたから、論破王の大変さなど些細《ささい》なことだということが、この本を読んでくれた方には、多少なりとも納得していただけるのではないだろうか。


人は多面的な生き物だ。

ひろゆき君で説明すれば、メディアの前の彼と私の前の彼は違うし、親しい友達だったり知人だったりご近所さんから見た彼もみんな違うだろう。

だから、ある一面を見ただけでそれがその人のすべてとはかぎらないし、逆に自分から見える側面があまりにも合わないと、近ければ近いほど、一緒にいることがつらくなったりもするのだろう。誰かとともに生きるって、味わい深いものだ。


自分のこれまでを振り返ると、なんだかんだといろいろあったし、起きなければよかったこともたくさんあるけれど、でも、ダメなことがあったからそれで終わりじゃなくて、そのときの失敗や不幸が、その後の経験にいかされたり、備えになったりすることもたくさんあった。いまは伯母とも、時々連絡を取り合うくらいの関係にはなれた。

不幸自慢とかは好きじゃないし、ハッピーな時間が長く続くほうが嬉しい。

言いたいのは、いまがしんどいとか、つらいなって思っていても、もちろんそこで休んでいいし、危なかったら逃げてもいいし、なんなら塞ぎ込んでもいいから、「なんだか起きあがれそうだぞ」ってタイミングで起きあがって、また歩いてみることもできるんだよってことを、心の片隅に覚えていてくれればってこと。

あと、誰かを助けてあげるのと同じくらいに、「助けて」って普通に言って大丈夫なんだよってことも忘れないでほしい。

この本は60時間超のインタビューを経てできあがった。これは私に起きた出来事で、ぜんぶ私がしゃべったものではあるけれど、でも、その言葉に根気よく耳を傾け、そこから物語のかけらを選び、1冊の本として仕上げてくれたのは担当編集者の崔鎬吉さん、ライターの岡田寛子さんの力によるものだ。

もし、私自身が文章でアウトプットしてしまったら、もっと「私が」の部分にこだわったり、見栄《みえ》を張ったりして、正直に綴ることはできなかった気がする。

誰かに聞いてもらい、言葉を受け止めてもらうことで、私は私に起きた出来事を手放して、ひとつの物語としてそれらを歩かせることができた。ダイビングのバディみたいに、物語の海へともに深く潜ってくれた2人にとても感謝している。

本書の出版にあたり、ご尽力くださったすべての方に感謝を込めて。そして、この本の話を持ってきてくれた、愛すべきお節介屋の高橋君にも。

西村ゆか

ブックデザイン —— 小口翔平＋畑中茜＋須貝美咲（tobufune）
イラスト —— mimi
組版 —— キャップス
校正 —— 鷗来堂
構成 —— 岡田寛子
編集 —— 崔鎬吉

西《にし》村《むら》ゆか

1978年、東京都生まれ。Webディレクター。
インターキュー株式会社（現GMOインターネット株式会社）、
ヤフー株式会社を経て独立。現在、フランス在住。
著書に『だんな様はひろゆき』（原作・西村ゆか／漫画・wako）がある。

転《ころ》んで起《お》きて

毒《どく》親《おや》 夫《ふう》婦《ふ》 お金《かね》 仕《し》事《ごと》 夢《ゆめ》 の答《こた》え

第1刷　2024年2月29日

著者　　　　西村ゆか
発行者　　　小宮英行
発行所　　　株式会社徳間書店
　　　　　　〒141-8202
　　　　　　東京都品川区上大崎3-1-1
　　　　　　目黒セントラルスクエア
電話　　　　編集／03-5403-4344　販売／049-293-5521
振替　　　　00140-0-44392
印刷・製本　大日本印刷株式会社

ISBN978-4-19-865737-6